DOUANCE ET LEADERSHIP

Découvrez comment transformer votre douance en un leadership exceptionnel

DOUANCE ET LEADERSHIP

Découvrez comment transformer votre douance en un leadership exceptionnel

Vincent Lefebvre

Ron Goldsmith
EDITIONS

A Angeline.

TABLE DES MATIÈRES

PRÉFACE

Dans un monde où les défis du leadership se complexifient sous l'impact des changements sociaux et technologiques, "Douance et Leadership" se présente comme une exploration essentielle et opportune. Ce livre n'est pas simplement un guide ; c'est une réflexion profonde et nuancée sur le rôle unique que les leaders doués jouent dans nos sociétés et organisations. En tant qu'observateur des dynamiques actuelles du leadership, je suis frappé par la pertinence et l'urgence d'une telle œuvre dans le contexte contemporain.

"Douance et Leadership" aborde avec acuité les défis et les opportunités associés à la douance dans le leadership. Ce livre transcende la simple discussion des compétences de gestion pour plonger dans les profondeurs de ce que signifie diriger avec douance : la sensibilité accrue, la créativité débordante et la complexité de pensée qui caractérisent ces leaders exceptionnels. Il offre des perspectives enrichissantes et des stratégies pratiques pour naviguer dans le paysage unique du leadership doué.

Ce livre est une invitation à une introspection

et une exploration profondes. Il ne se contente pas de présenter des principes théoriques ; il propose des stratégies pratiques, des études de cas et des réflexions qui encouragent les lecteurs à appliquer ces concepts dans leur propre contexte de leadership. "Douance et Leadership" est une incitation à la réflexion, poussant chaque leader à considérer non seulement comment ils dirigent, mais aussi pourquoi ils le font et l'impact qu'ils ont sur leur environnement.

L'accent mis sur l'auto-réflexion et le développement personnel est particulièrement frappant. Le leadership est présenté comme un voyage continu, une quête sans fin pour l'amélioration et l'excellence. Ce livre encourage les leaders à s'engager activement dans leur propre parcours de développement, les guidant à travers les complexités du leadership doué et les incitant à forger leur propre style, unique et authentique.

En tant que lecteur, vous découvrirez que "Douance et Leadership" est plus qu'un manuel ; c'est un compagnon de voyage dans votre parcours de leadership. Il vous défie, vous guide et vous inspire à devenir le type de leader dont le monde a besoin aujourd'hui : intuitif, innovant, empathique et visionnaire.

Alors que vous vous apprêtez à plonger dans ces pages, je vous invite à les aborder avec un esprit ouvert et curieux, prêt à explorer, à remettre en question et à grandir. Que ce livre soit

votre guide vers un leadership plus intuitif, plus humain et plus efficace, un leadership qui non seulement atteint les objectifs organisationnels, mais qui contribue également à un monde plus compréhensif et enrichi par la douance.
Bienvenue dans votre voyage vers un leadership éclairé par la douance.

Marc Blum
Expert en Développement du Leadership et Coach Exécutif

INTRODUCTION

"La vraie signification de l'intelligence n'est pas la connaissance mais l'imagination."

Albert Einstein

Présentation du sujet : douance et leadership.

L'introduction d'un livre sur la douance et le leadership est une occasion précieuse de poser les bases d'une exploration profonde et significative de ces deux concepts intimement liés. La douance, souvent perçue comme un don ou une capacité intellectuelle supérieure, va bien au-delà de la simple intelligence. Elle englobe une gamme de caractéristiques et de compétences qui peuvent, lorsqu'elles sont bien dirigées, mener à un leadership exceptionnel. Cependant, le chemin vers un tel leadership n'est pas exempt de défis, car les personnes douées font souvent face à des obstacles uniques en raison de leur manière particulière de percevoir et d'interagir avec le monde.

Le leadership, dans son essence, est l'art d'influencer et de guider les autres. Il ne s'agit pas seulement de prendre des décisions ou de diriger une équipe ; c'est aussi une question de vision, de motivation et d'impact sur la société. Les leaders doués ont la capacité de penser de manière créative et critique, de résoudre des problèmes complexes et d'inspirer ceux qui les entourent. Cependant, cette même douance peut aussi les rendre plus sensibles aux critiques, plus enclins à l'ennui dans des environnements peu stimulants et souvent mal compris par leurs pairs.

Ce livre vise à explorer ces dynamiques en profondeur. Il s'adresse à ceux qui se reconnaissent dans la description des personnes douées et aspirent à devenir des leaders, ainsi qu'à ceux qui souhaitent mieux comprendre et soutenir le potentiel de leadership chez les personnes douées. À travers des exemples concrets, des études de cas inspirantes et des conseils pratiques, nous allons naviguer dans le monde fascinant de la douance et du leadership. Notre objectif est de fournir des outils et des perspectives qui aideront les lecteurs à exploiter pleinement leur potentiel, à surmonter les défis spécifiques liés à la douance et à exercer un leadership éclairé et efficace.

Importance de comprendre

la douance dans le contexte du leadership

Comprendre la douance dans le contexte du leadership est crucial pour plusieurs raisons, qui touchent à la fois l'individu doué et la société dans son ensemble. D'abord, la douance n'est pas seulement une question de QI élevé ou de compétences académiques exceptionnelles. Elle implique une gamme de caractéristiques cognitives et émotionnelles, comme une pensée divergente, une sensibilité accrue, et une curiosité insatiable. Ces traits, lorsqu'ils sont bien canalisés, peuvent conduire à un leadership innovant et empathique. Cependant, sans une compréhension adéquate, ces mêmes traits peuvent mener à des défis tels que l'isolement, la frustration et le sous-emploi de leurs capacités.

Dans le monde du travail et des organisations, la reconnaissance et le soutien des leaders doués peuvent avoir un impact significatif. Ces individus ont souvent la capacité de voir au-delà du statu quo, d'apporter des solutions créatives et de motiver les autres par leur passion et leur vision. Leur approche unique du leadership peut entraîner des changements positifs et durables au sein des organisations. Cependant, si leur douance n'est pas reconnue ou mal comprise, ces leaders potentiels peuvent se sentir marginalisés et leurs talents peuvent rester inexploités.

Par ailleurs, dans un contexte social plus large, comprendre la douance dans le leadership est essentiel pour promouvoir une société plus inclusive et innovante. Les leaders doués peuvent jouer un rôle clé dans la résolution de problèmes complexes auxquels notre monde est confronté, tels que le changement climatique, les inégalités sociales et les crises économiques. Leur capacité à penser de manière systémique et à établir des connexions entre des domaines apparemment disparates est une ressource précieuse pour toute société.

Enfin, sur un plan plus personnel, comprendre la douance dans le contexte du leadership aide les individus doués eux-mêmes. Cela leur permet de mieux se connaître, de valoriser leurs traits uniques et de développer des stratégies pour gérer les défis associés à leur douance. Cela les aide également à trouver des voies de leadership qui sont non seulement efficaces mais aussi épanouissantes sur le plan personnel.

En somme, l'importance de comprendre la douance dans le contexte du leadership réside dans son potentiel à enrichir les organisations, à favoriser l'innovation sociale et à permettre aux individus doués de réaliser pleinement leur potentiel. Ce livre vise à explorer ces aspects en profondeur, offrant des perspectives et des outils pour ceux qui aspirent à un leadership éclairé et pour ceux qui souhaitent soutenir les leaders doués dans leur entourage.

CHAPITRE 1 : COMPRENDRE LA DOUANCE

"L'intelligence sans ambition est un oiseau sans ailes."

Blaise Pascal

1.1 Définition de la Douance

1.1.1 Clarification du concept

La clarification du concept de douance est essentielle pour comprendre les nuances et la complexité de ce phénomène. La douance n'est pas simplement une mesure d'intelligence ou de capacité académique; elle représente un ensemble de caractéristiques cognitives et émotionnelles qui se manifestent de manière unique chez chaque individu. Typiquement, la douance est associée à un haut niveau d'intelligence, mais elle englobe bien plus que cela. Elle inclut des capacités telles que la pensée créative et critique, une curiosité insatiable, une sensibilité émotionnelle accrue, et souvent une capacité à apprendre et à comprendre rapidement et en profondeur.

Cependant, la douance n'est pas toujours facilement identifiable. Elle peut se manifester de différentes manières, parfois de façon subtile, et n'est pas toujours accompagnée de performances académiques exceptionnelles. Par exemple, une personne douée peut exceller dans des domaines créatifs ou être particulièrement douée pour résoudre des problèmes complexes de manière innovante. Dans certains cas, la douance peut même être masquée par des conditions telles que le trouble déficitaire de l'attention avec ou sans hyperactivité (TDAH) ou des troubles d'apprentissage, ce qui rend son identification encore plus complexe.

En outre, la douance s'accompagne souvent de défis spécifiques. Les personnes douées peuvent éprouver un sentiment de décalage avec leurs pairs, une sensibilité émotionnelle plus intense, et peuvent être plus susceptibles de s'ennuyer ou de se sentir insatisfaites dans des environnements qui ne stimulent pas suffisamment leur intellect. Ces défis, s'ils ne sont pas compris et gérés, peuvent entraver le développement personnel et professionnel de la personne douée.

Il est donc crucial de reconnaître que la douance est un concept multidimensionnel, qui va au-delà de la simple intelligence pour englober un large éventail de capacités et de traits de personnalité. Cette compréhension permet non seulement d'identifier plus efficacement les personnes douées, mais aussi de mieux répondre à leurs besoins uniques, en leur fournissant le soutien et les défis appropriés pour leur permettre de s'épanouir pleinement.

1.1.2 Distinction entre douance et intelligence traditionnelle

La distinction entre douance et intelligence traditionnelle est un sujet complexe et souvent mal compris. L'intelligence traditionnelle, telle qu'elle est généralement mesurée par des tests de QI, se concentre sur des compétences cognitives spécifiques, telles que la logique, la compréhension verbale et le raisonnement mathématique. Elle est souvent perçue comme une mesure linéaire de la capacité intellectuelle, où un score plus élevé indique un niveau d'intelligence supérieur. Cependant, cette approche peut être limitative et ne capture pas la richesse et la diversité des capacités humaines.

La douance, en revanche, est un concept plus large et plus nuancé. Elle inclut certes l'intelligence traditionnelle, mais s'étend également à d'autres domaines. Les personnes douées peuvent posséder une pensée divergente remarquable, une capacité à faire des connexions créatives, une sensibilité émotionnelle profonde, et une curiosité insatiable qui les pousse à explorer et à comprendre le monde autour d'eux de manière plus complexe. Ces caractéristiques ne sont pas toujours mesurables par les tests de QI standards.

De plus, la douance peut se manifester de différentes manières selon les individus. Certaines personnes douées peuvent exceller dans des domaines créatifs ou artistiques, montrant une capacité exceptionnelle à percevoir le monde d'une manière unique. D'autres peuvent avoir une compréhension intuitive des systèmes complexes ou des modèles abstraits, qui ne se traduit pas nécessairement par des scores élevés dans les tests d'intelligence traditionnels.

Il est également important de noter que la douance n'est pas toujours synonyme de réussite académique ou professionnelle. En raison de leur pensée non conventionnelle et de leur sensibilité émotionnelle, les personnes douées peuvent parfois se sentir déphasées dans des environnements éducatifs ou professionnels traditionnels, ce qui peut affecter leurs performances. Cela souligne l'importance de reconnaître et de valoriser les différentes formes d'intelligence et de talents, au-delà de ce qui est traditionnellement mesuré et valorisé.

Bien que la douance inclue des aspects de l'intelligence traditionnelle, elle représente un spectre beaucoup plus large de capacités et de traits. Comprendre cette distinction est crucial pour reconnaître et soutenir efficacement les personnes douées, en leur permettant de développer pleinement leur potentiel unique.

1.2 Caractéristiques des Personnes Douées

1.2.1 Capacités cognitives exceptionnelles

Les capacités cognitives exceptionnelles des personnes douées constituent un aspect fondamental de leur douance, se manifestant de diverses manières qui les distinguent nettement de la moyenne. Ces capacités vont bien au-delà d'une simple intelligence aiguë ou d'une mémoire impressionnante; elles englobent une gamme de facultés mentales qui permettent une compréhension, une analyse et une synthèse rapides et profondes des informations.

Une caractéristique notable des personnes douées est leur capacité à apprendre et à assimiler de nouvelles informations à un rythme beaucoup plus rapide que la moyenne. Elles peuvent souvent saisir des concepts complexes avec peu d'explications et sont capables de faire des liens entre des idées apparemment disparates, ce qui leur permet de résoudre des problèmes de manière créative et innovante. Cette rapidité d'apprentissage est accompagnée d'une curiosité naturelle et d'un désir insatiable de comprendre le monde qui les entoure, les poussant souvent à explorer des sujets en profondeur.

En outre, les personnes douées ont souvent une pensée divergente remarquable. Elles ne se contentent pas de suivre les voies de pensée conventionnelles, mais explorent des alternatives et des possibilités qui peuvent échapper à d'autres. Cette pensée divergente est la source de leur créativité et de leur capacité à générer des idées originales et uniques. Elle leur permet également d'aborder les problèmes sous des angles différents, souvent en proposant des solutions novatrices et efficaces.

La mémoire des personnes douées est également un aspect clé de leurs capacités cognitives. Elles ont souvent une mémoire exceptionnelle, non seulement en termes de quantité d'informations qu'elles peuvent retenir, mais aussi en ce qui concerne la rapidité et la précision avec lesquelles elles peuvent rappeler ces informations. Cette mémoire étendue et efficace est un atout majeur, en particulier dans des domaines où une grande quantité d'informations doit être traitée et appliquée rapidement.

Enfin, les personnes douées démontrent souvent une capacité à penser de manière abstraite et conceptuelle. Elles sont capables de comprendre et de manipuler des concepts abstraits, ce qui est crucial dans des domaines tels que les mathématiques avancées, la physique théorique, ou la philosophie. Cette aptitude à la pensée abstraite leur permet de percevoir des modèles et des structures au-delà des détails immédiats et tangibles, leur offrant une perspective unique sur divers sujets.

Ces capacités cognitives exceptionnelles, bien que bénéfiques, peuvent également présenter des défis, notamment en termes d'adaptation à des environnements éducatifs ou professionnels standardisés, qui ne sont pas toujours conçus pour répondre aux besoins des personnes douées. Il est donc essentiel de reconnaître et de valoriser ces capacités, tout en fournissant un soutien adapté pour permettre aux personnes douées de s'épanouir pleinement.

1.2.2 Traits émotionnels et sociaux

Les traits émotionnels et sociaux des personnes douées sont aussi distinctifs et complexes que leurs capacités cognitives. Ces traits peuvent grandement influencer la manière dont elles interagissent avec le monde et perçoivent leur environnement. Un aspect notable est leur sensibilité émotionnelle accrue. Les personnes douées ressentent souvent les émotions plus intensément que la moyenne. Cette sensibilité peut se manifester par une empathie profonde, une conscience aiguë des nuances émotionnelles chez les autres, et une réactivité émotionnelle plus forte aux stimuli environnementaux. Bien que cette sensibilité puisse être une force, permettant une compréhension profonde des autres et une capacité à réagir de manière empathique, elle peut aussi être source de vulnérabilité, menant parfois à une surcharge émotionnelle ou à un sentiment d'être submergé. En termes de traits sociaux, les personnes douées peuvent éprouver un sentiment de décalage par rapport à leurs pairs. Leur pensée rapide, leur curiosité insatiable et leur approche souvent non conventionnelle des problèmes peuvent les faire se sentir en marge dans des groupes sociaux ou professionnels. Ce décalage peut conduire à des sentiments d'isolement ou de solitude, surtout si leurs intérêts et leur mode de pensée ne sont pas partagés par ceux qui les entourent. Cependant, lorsqu'elles trouvent des pairs ou des communautés qui partagent leurs intérêts et leur niveau de compréhension, elles peuvent établir des liens profonds et significatifs.

Un autre trait social important est leur tendance à la perfection. Les personnes douées peuvent avoir des attentes élevées envers elles-mêmes et les autres, ce qui peut conduire à une grande réussite, mais aussi à de la frustration et à la déception lorsque ces attentes ne sont pas satisfaites. Cette tendance au perfectionnisme peut être à double tranchant, servant de moteur pour atteindre l'excellence, mais pouvant également conduire à de l'anxiété et à une peur de l'échec.

Les personnes douées peuvent également montrer une forte indépendance dans leur pensée et leur comportement. Elles valorisent souvent l'autonomie et peuvent être réticentes à suivre les conventions ou les autorités sans questionnement critique. Cette indépendance peut être une source d'innovation et de créativité, mais peut aussi les mettre en conflit avec des structures et des systèmes plus rigides.

Les traits émotionnels et sociaux des personnes douées sont complexes et multifacettes. Ils peuvent offrir des avantages significatifs, tels que la capacité à établir des connexions profondes et significatives et à apporter des perspectives uniques, mais peuvent également présenter des défis, notamment en termes de gestion des émotions intenses et de navigation dans des environnements sociaux qui ne correspondent pas toujours à leur mode de fonctionnement. Comprendre et apprécier ces traits est essentiel pour soutenir les personnes douées dans leur développement personnel et professionnel.

1.2.3 Créativité et pensée divergente

La créativité et la pensée divergente sont des caractéristiques essentielles souvent associées aux personnes douées, jouant un rôle crucial dans leur manière d'appréhender et de réagir au monde qui les entoure. La créativité, dans ce contexte, va au-delà de la simple capacité à produire des œuvres d'art ou à écrire de la poésie; elle englobe une façon de penser qui permet de voir au-delà des conventions et de générer des idées originales et novatrices. Les personnes douées ont souvent une propension naturelle à questionner les normes établies et à explorer des possibilités qui ne sont pas immédiatement évidentes pour les autres.

Cette créativité se manifeste souvent par une pensée divergente, une capacité à envisager une multitude de solutions possibles à un problème donné. Contrairement à la pensée convergente, qui cherche une seule réponse correcte, la pensée divergente se caractérise par la génération de nombreuses idées différentes. Cette approche est particulièrement utile dans les situations qui nécessitent une résolution de problèmes non linéaire ou lorsque les solutions traditionnelles ne sont pas efficaces. Les personnes douées utilisent cette pensée divergente pour aborder les défis sous des angles uniques, souvent en combinant des concepts ou des idées de manière innovante.

La créativité des personnes douées n'est pas limitée à des domaines spécifiques tels que les arts ou la littérature; elle s'étend à de nombreux aspects de la vie, y compris la science, la technologie, et même la vie quotidienne. Leur capacité à penser de manière créative leur permet d'apporter des contributions significatives dans divers domaines, en proposant des solutions originales et en repoussant les frontières de la connaissance et de l'innovation.

Cependant, cette créativité et cette pensée divergente peuvent parfois les mettre en porte-à-faux avec des environnements plus structurés ou conventionnels. Les systèmes éducatifs et professionnels traditionnels, par exemple, ne valorisent pas toujours ces modes de pensée, ce qui peut conduire à un sentiment de frustration ou d'incompréhension chez les personnes douées. Il est donc crucial de reconnaître et de valoriser la créativité et la pensée divergente comme des atouts précieux, et de fournir des environnements où ces talents peuvent être pleinement exprimés et appréciés.

En somme, la créativité et la pensée divergente sont des aspects fondamentaux de la douance, offrant des perspectives uniques et enrichissantes. Ces traits permettent aux personnes douées de contribuer de manière significative à divers domaines, en apportant des idées innovantes et en remettant en question le statu quo. Pour que ces individus puissent s'épanouir, il est essentiel de créer des espaces où leur créativité est non seulement acceptée, mais activement encouragée et soutenue.

1.3 Mythes et Réalités sur la Douance

1.3.1 Démystification des idées reçues

La démystification des idées reçues sur la douance est essentielle pour une compréhension juste et nuancée de ce que signifie réellement être doué. De nombreux mythes entourent la douance, souvent alimentés par des stéréotypes et des malentendus. L'un des mythes les plus répandus est l'idée que toutes les personnes douées réussissent académiquement et professionnellement. En réalité, bien que de nombreuses personnes douées aient des performances académiques élevées, la douance ne garantit pas le succès. Les défis émotionnels, sociaux, et même les environnements éducatifs inadaptés peuvent entraver la réalisation du potentiel d'une personne douée.

Un autre mythe courant est que la douance est synonyme d'intelligence dans tous les domaines. Cependant, la douance peut se manifester de manière très spécifique. Une personne peut être exceptionnellement douée dans un domaine, comme les mathématiques, la musique ou la littérature, tout en ayant des performances moyennes dans d'autres domaines. Cette idée fausse conduit souvent à des attentes irréalistes et à une pression inutile sur les personnes douées, qui peuvent se sentir obligées de répondre à un idéal de perfection dans tous les aspects de leur vie.

Il existe également un mythe selon lequel les personnes douées n'ont pas besoin d'aide ou de soutien, car elles peuvent "se débrouiller seules". Cette croyance ignore les défis uniques auxquels les personnes douées sont confrontées, notamment en termes de gestion de leur sensibilité émotionnelle accrue, de leur sentiment d'isolement, et de leur besoin de stimulation intellectuelle. En réalité, les personnes douées bénéficient grandement d'un soutien adapté à leurs besoins spécifiques, que ce soit en termes d'éducation, de conseil ou de développement personnel.

Un autre mythe est que la douance est toujours visible et facilement identifiable. En réalité, la douance peut être cachée ou masquée par divers facteurs, tels que des troubles d'apprentissage ou un comportement non conforme aux attentes traditionnelles. Certaines personnes douées peuvent même sous-performer délibérément pour s'intégrer à leurs pairs, rendant leur douance moins évidente.

Enfin, il y a une idée fausse selon laquelle la douance est un don qui rend la vie plus facile. Bien que la douance puisse offrir des avantages significatifs, elle peut aussi apporter son lot de défis. Les personnes douées peuvent éprouver une pression intense, des attentes élevées de la part des autres, et une lutte pour trouver un sens et un but dans leur vie.

Démystifier ces idées reçues est crucial pour comprendre et soutenir les personnes douées de manière appropriée. Cela implique de reconnaître la diversité des expériences des personnes douées, d'apprécier leurs talents uniques tout en étant conscient des défis qu'elles peuvent rencontrer, et de fournir un environnement qui favorise leur épanouissement.

1.3.2 Réalités souvent méconnues sur les personnes douées

Les réalités souvent méconnues sur les personnes douées offrent un aperçu plus profond et plus nuancé de leur expérience. Loin des stéréotypes et des idées reçues, la vie des personnes douées est marquée par des caractéristiques et des défis qui ne sont pas toujours visibles ou reconnus par la société.

Une réalité méconnue est que la douance peut souvent s'accompagner d'une sensibilité émotionnelle et sensorielle accrue. Les personnes douées ne se contentent pas de penser profondément; elles ressentent également profondément. Cette intensité émotionnelle peut être à la fois une source de grande joie et de profonde empathie, mais elle peut aussi conduire à une susceptibilité accrue au stress, à l'anxiété et à l'épuisement émotionnel. Cette sensibilité peut rendre les expériences quotidiennes plus intenses et parfois plus difficiles à gérer.

Une autre réalité est que les personnes douées peuvent éprouver un sentiment d'isolement ou de décalage social. Leur mode de pensée rapide, leur curiosité insatiable et leurs intérêts parfois atypiques peuvent les faire se sentir déconnectés de leurs pairs. Ce sentiment de ne pas "appartenir" peut être particulièrement prononcé pendant l'enfance et l'adolescence, mais il peut persister à l'âge adulte. Trouver une communauté de personnes partageant les mêmes idées peut être un défi, mais c'est souvent essentiel pour leur bien-être émotionnel et social.

En outre, les personnes douées ne sont pas toujours des "performeurs" constants. Leur performance dans les environnements académiques ou professionnels peut varier considérablement. Parfois, elles peuvent sous-performer en raison de l'ennui, du manque de défi, ou parce qu'elles sont distraites par des intérêts plus captivants. Cette incohérence peut conduire à des malentendus et à des jugements erronés sur leur capacité et leur motivation.

Il est également important de reconnaître que la douance n'élimine pas le besoin de soutien et d'encouragement. Les personnes douées peuvent lutter contre des attentes irréalistes, tant de la part des autres que d'elles-mêmes. Elles peuvent bénéficier grandement d'un soutien éducatif, émotionnel et social adapté à leurs besoins uniques, qui reconnaît à la fois leurs talents et leurs défis.

Enfin, la douance est souvent accompagnée d'une quête de sens et d'un désir de contribuer de manière significative au monde. Les personnes douées cherchent fréquemment à comprendre leur place dans le monde et à utiliser leurs talents pour faire une différence. Cette quête peut être une source de grande motivation et de satisfaction, mais elle peut aussi être source de frustration si elles ne trouvent pas de voies pour exprimer et réaliser pleinement leur potentiel.

Ces réalités méconnues soulignent l'importance d'une approche holistique dans la compréhension et le soutien des personnes douées. Reconnaître et répondre à la complexité de leur expérience est essentiel pour leur permettre de s'épanouir et de contribuer pleinement à la société.

1.4 Identification de la Douance

1.4.1 Critères et méthodes d'identification

L'identification de la douance est un processus complexe et nuancé, qui nécessite une compréhension approfondie des critères et des méthodes d'évaluation. Traditionnellement, la douance a été associée à un score élevé sur des tests de quotient intellectuel (QI), avec un seuil souvent fixé autour de 130 ou plus. Cependant, cette approche basée uniquement sur le QI est de plus en plus considérée comme trop restrictive et ne tenant pas compte de la diversité des manifestations de la douance.

Les critères modernes pour identifier la douance s'étendent au-delà des mesures de QI pour inclure une gamme plus large de capacités et de talents. Ces critères peuvent inclure des capacités cognitives exceptionnelles, comme une pensée créative et critique, une capacité d'apprentissage rapide, et une mémoire étendue. Ils peuvent également prendre en compte des aspects tels que la sensibilité émotionnelle, la curiosité intellectuelle, la motivation intrinsèque, et la capacité à résoudre des problèmes complexes de manière innovante.

En termes de méthodes d'identification, les évaluations psychologiques standardisées, comprenant des tests de QI, restent un outil important. Cependant, ces tests sont souvent complétés par des évaluations plus qualitatives. Par exemple, des observations comportementales par des enseignants ou des psychologues, des entretiens avec les parents, et l'examen des réalisations académiques et créatives de l'enfant peuvent fournir des informations précieuses. Des portfolios de travaux, des évaluations des performances dans des domaines spécifiques comme la musique, les arts, ou les mathématiques, et des questionnaires d'auto-évaluation peuvent également être utilisés.

Il est également important de reconnaître que la douance peut se manifester différemment selon le contexte culturel et socio-économique. Les méthodes d'identification doivent donc être sensibles à ces différences et éviter les biais culturels ou linguistiques. Cela implique parfois d'adapter les outils d'évaluation ou de chercher des signes de douance qui pourraient être moins évidents en raison de barrières telles que la langue, les différences culturelles, ou un accès limité aux ressources éducatives.

En outre, il est crucial de reconnaître que l'identification de la douance n'est pas toujours un processus linéaire ou définitif. Les enfants et les adultes peuvent manifester leur douance de différentes manières à différents moments de leur vie. Par conséquent, une évaluation continue et une réévaluation sont souvent nécessaires pour s'assurer que les besoins des personnes douées sont correctement identifiés et pris en charge tout au long de leur développement.

L'identification de la douance nécessite une approche multidimensionnelle qui va au-delà des tests de QI traditionnels. Elle doit tenir compte d'une gamme de critères et utiliser diverses méthodes d'évaluation pour capturer la complexité et la diversité des manifestations de la douance. Cela permet non seulement une identification plus précise, mais aussi une meilleure compréhension et un soutien plus adapté aux besoins uniques des personnes douées.

1.4.2 Défis dans l'identification de la douance

L'identification de la douance présente plusieurs défis significatifs, rendant parfois difficile la reconnaissance et le soutien adéquat des individus doués. Un des principaux défis réside dans la nature même de la douance, qui peut varier grandement d'une personne à l'autre. Contrairement à une conception uniforme de l'intelligence, la douance se manifeste à travers un spectre de capacités et de talents, allant de la pensée analytique et logique à la créativité artistique ou musicale. Cette diversité rend difficile l'application d'un critère unique ou d'un test standardisé pour identifier tous les cas de douance.

Un autre défi majeur est le risque de biais culturel et socio-économique dans les méthodes d'évaluation traditionnelles. Les tests de QI et autres évaluations standardisées sont souvent conçus dans un contexte culturel spécifique, ce qui peut désavantager les enfants issus de milieux différents. Les enfants provenant de familles à faible revenu, de milieux culturels divers, ou ceux dont la langue maternelle n'est pas celle utilisée dans les tests, peuvent ne pas être en mesure de montrer pleinement leurs capacités, conduisant ainsi à une sous-identification de la douance dans ces groupes.

De plus, certains traits de la douance, comme la sensibilité émotionnelle ou la pensée divergente, ne sont pas facilement mesurables par des tests standardisés. Ces aspects de la douance nécessitent une évaluation plus qualitative, qui peut être subjective et dépendante de l'interprétation de l'évaluateur. Cela peut conduire à des incohérences dans l'identification, où certains individus doués peuvent être négligés parce que leurs traits ne correspondent pas aux critères traditionnels.

Un autre défi est la présence de doubles particularités, où la douance coexiste avec des troubles d'apprentissage ou des conditions neurodiverses, comme le TDAH ou le spectre de l'autisme. Ces cas peuvent masquer la douance, car les difficultés d'apprentissage ou les comportements atypiques attirent l'attention loin des capacités exceptionnelles. En conséquence, ces individus peuvent être mal compris et ne pas recevoir le soutien nécessaire pour développer leur potentiel.

Enfin, il y a le défi de la reconnaissance et de l'acceptation de la douance par les parents, les enseignants et la société en général. Les stéréotypes et les idées fausses sur la douance peuvent conduire à des attentes irréalistes ou à une reconnaissance insuffisante des besoins uniques des personnes douées. Cela peut entraîner un manque de soutien et de ressources adaptées, limitant ainsi les opportunités pour les personnes douées de s'épanouir pleinement.

Ces défis dans l'identification de la douance soulignent la nécessité d'une approche holistique et inclusive, qui tient compte de la diversité des manifestations de la douance et qui est sensible aux différents contextes culturels et individuels. Une telle approche permettrait non seulement une identification plus précise, mais aussi un soutien plus efficace et personnalisé pour les personnes douées.

1.5 Douance à travers les Âges

1.5.1 Évolution de la douance

de l'enfance à l'âge adulte

La douance, bien qu'innée, évolue et se manifeste différemment à travers les différentes étapes de la vie, de l'enfance à l'âge adulte. Cette évolution est influencée par une multitude de facteurs, y compris les opportunités d'apprentissage, les interactions sociales, et les expériences de vie.

Durant l'enfance, la douance peut être plus facilement identifiable, en particulier dans les domaines académiques. Les enfants doués montrent souvent une capacité précoce à lire, à comprendre des concepts mathématiques complexes, ou à s'engager dans des raisonnements abstraits à un âge où leurs pairs n'en sont pas encore capables. Ils peuvent également poser des questions profondes, montrer une curiosité exceptionnelle, ou développer des intérêts spécifiques dans des domaines tels que la science, l'art, ou la musique. Cependant, cette période peut également être marquée par des défis, tels que le sentiment d'être différents, des difficultés à s'intégrer avec des enfants du même âge, ou un ennui à l'école si le curriculum ne répond pas à leur besoin de stimulation intellectuelle.

À l'adolescence, la douance peut présenter de nouveaux défis et opportunités. Les adolescents doués peuvent lutter avec des questions d'identité et de sens, cherchant à comprendre leur place dans le monde. Ils peuvent se sentir déphasés avec leurs pairs en raison de leurs intérêts ou de leur maturité intellectuelle. Cette période peut être marquée par une recherche d'indépendance, une exploration de divers intérêts, et parfois un sentiment d'isolement ou de frustration. Cependant, c'est aussi une période où les talents peuvent être affinés et dirigés vers des objectifs futurs, que ce soit dans les études, les carrières, ou les passions personnelles.

À l'âge adulte, la douance peut prendre une forme plus nuancée et intégrée. Les adultes doués sont souvent capables de canaliser leurs capacités et leurs passions dans des carrières enrichissantes et des activités significatives. Ils peuvent continuer à chercher des défis intellectuels et des opportunités d'apprentissage tout au long de leur vie. Cependant, les défis liés à la douance, tels que la sensibilité émotionnelle, le perfectionnisme, et le sentiment d'être en décalage avec les autres, peuvent persister. Les adultes doués peuvent également continuer à lutter pour trouver des pairs et des communautés qui partagent et comprennent leur niveau d'intensité et de complexité intellectuelle.

Il est important de noter que la douance n'est pas statique, mais dynamique et évolutive. Les besoins, les défis, et les opportunités associés à la douance changent au fil du temps, nécessitant une compréhension et un soutien adaptés à chaque étape de la vie. Reconnaître et répondre à ces changements est essentiel pour permettre aux personnes douées de réaliser pleinement leur potentiel et de mener une vie épanouissante et enrichissante.

1.5.2 Impact du développement sur le potentiel de leadership

L'impact du développement sur le potentiel de leadership chez les personnes douées est un aspect crucial qui mérite une attention particulière. Dès l'enfance, les individus doués montrent souvent des signes de capacités de leadership potentielles, comme une pensée indépendante, une capacité à résoudre des problèmes complexes, et une tendance à influencer leurs pairs. Cependant, le développement de ces capacités en compétences de leadership efficaces dépend largement de la manière dont elles sont cultivées et soutenues tout au long de la vie.

Dans les premières années, les enfants doués peuvent naturellement assumer des rôles de leadership dans des situations de groupe, guidés par leur curiosité et leur désir d'explorer et de partager des connaissances. Cependant, sans un soutien approprié, ils peuvent également rencontrer des difficultés, notamment en raison de leur sensibilité émotionnelle accrue ou de leur frustration face à des environnements qui ne répondent pas à leurs besoins intellectuels.

Le développement de compétences telles que l'empathie, la communication et la collaboration est essentiel à cette étape pour équilibrer leurs capacités naturelles avec les compétences interpersonnelles nécessaires au leadership.

À l'adolescence, les défis et les opportunités se multiplient. Les adolescents doués peuvent lutter avec des questions d'identité et de sens, cherchant à aligner leurs capacités et intérêts avec des aspirations de leadership. Ils peuvent être particulièrement sensibles aux injustices et désireux de provoquer des changements, mais ils peuvent aussi se sentir isolés ou incompris par leurs pairs. C'est une période cruciale pour encourager l'autoréflexion, la prise de risque calculée, et l'engagement dans des activités qui renforcent la confiance en soi et les compétences de leadership.

À l'âge adulte, les personnes douées ont l'opportunité de consolider et d'appliquer leurs compétences de leadership. Leur capacité à penser de manière complexe et créative, combinée à une maturité émotionnelle et intellectuelle, peut les positionner pour des rôles de leadership influents dans divers domaines. Cependant, le succès dans ces rôles dépend souvent de leur capacité à naviguer dans des environnements sociaux et professionnels complexes, à gérer le stress et à maintenir un équilibre entre leur vie professionnelle et personnelle.

Il est important de reconnaître que le développement du potentiel de leadership chez les personnes douées n'est pas un chemin linéaire. Il est façonné par des expériences personnelles, des opportunités d'apprentissage, et des interactions avec les autres. Un environnement qui encourage l'exploration, valorise la diversité des talents et offre un soutien adapté aux défis émotionnels et sociaux peut grandement améliorer le potentiel de leadership des personnes douées. En fin de compte, le développement du leadership chez les personnes douées est un processus dynamique qui nécessite une compréhension nuancée de leurs capacités uniques et de leurs besoins en constante évolution.

1.6 Douance et Diversité

1.6.1 Variabilité dans les manifestations de la douance

La variabilité dans les manifestations de la douance est un aspect fondamental qui souligne la diversité et la complexité inhérentes à ce concept. La douance ne se présente pas de manière uniforme; elle varie considérablement d'un individu à l'autre, influencée par une multitude de facteurs tels que le contexte culturel, l'environnement familial, les expériences de vie, et les traits de personnalité individuels.

Cette variabilité se manifeste d'abord dans les domaines de compétence et d'intérêt. Certains individus doués peuvent exceller dans des domaines académiques traditionnels comme les mathématiques ou les sciences, tandis que d'autres peuvent montrer des talents exceptionnels dans les arts, la musique, ou la littérature. Il y a aussi ceux dont la douance se manifeste à travers des compétences interpersonnelles, comme une capacité à comprendre et à influencer les autres, ou à travers une pensée entrepreneuriale et innovante. Cette diversité de talents signifie que la douance ne peut pas être confinée à un seul modèle ou type de performance.

En outre, la manière dont la douance est exprimée et reconnue peut varier en fonction du contexte culturel et social. Dans certaines cultures, par exemple, les capacités académiques peuvent être particulièrement valorisées, tandis que dans d'autres, les talents artistiques ou le leadership communautaire peuvent être plus appréciés. Ces différences culturelles peuvent influencer non seulement la manière dont la douance est identifiée et soutenue, mais aussi comment les personnes douées perçoivent et développent leurs propres talents.

La variabilité se manifeste également dans les caractéristiques personnelles des individus doués. Alors que certains peuvent être extrêmement curieux, indépendants et motivés, d'autres peuvent être plus introspectifs, sensibles et réfléchis. Ces différences de tempérament et de personnalité peuvent affecter la manière dont les personnes douées interagissent avec le monde et poursuivent leurs intérêts. Par exemple, un individu doué et introverti peut préférer explorer ses intérêts de manière indépendante, tandis qu'un individu doué et extraverti peut chercher à partager ses connaissances et à collaborer avec les autres.

Il est également important de noter que la douance peut coexister avec des défis, tels que des troubles d'apprentissage ou des conditions neurodiverses. Cette coexistence peut masquer la douance ou compliquer son identification et son soutien. Par exemple, un enfant doué avec un trouble déficitaire de l'attention peut avoir des difficultés à se concentrer en classe, ce qui peut masquer ses capacités intellectuelles exceptionnelles.

La variabilité dans les manifestations de la douance est un rappel que chaque individu doué est unique, avec ses propres ensembles de talents, de défis, et de besoins. Reconnaître et apprécier cette diversité est essentiel pour fournir un soutien adapté qui permet aux personnes douées de toutes origines et de tous intérêts de réaliser pleinement leur potentiel.

1.6.2 Douance dans différents contextes culturels et sociaux

La douance dans différents contextes culturels et sociaux est un sujet qui mérite une attention particulière, car la manière dont elle est perçue, valorisée et soutenue varie grandement d'une culture à l'autre. Cette diversité culturelle et sociale influence non seulement la reconnaissance de la douance, mais aussi la manière dont les personnes douées s'expriment et développent leurs talents.

Dans certains contextes culturels, la douance est fortement associée à la réussite académique et intellectuelle. Dans ces sociétés, les performances scolaires exceptionnelles sont souvent le principal critère d'identification de la douance, et un grand poids est accordé aux réalisations dans des domaines comme les mathématiques, la science et la technologie. Cela peut conduire à une forte pression sur les individus doués pour exceller dans ces domaines spécifiques, parfois au détriment de leurs intérêts personnels ou de leur bien-être émotionnel.

D'autre part, dans d'autres cultures, la douance peut être perçue de manière plus holistique, englobant non seulement l'intelligence intellectuelle, mais aussi la créativité artistique, le leadership social, ou les compétences interpersonnelles. Dans ces environnements, les talents dans les arts, la musique, le sport ou le leadership communautaire sont également valorisés et reconnus comme des formes de douance. Cette approche plus large permet une meilleure appréciation de la diversité des talents et offre aux personnes douées un espace plus large pour explorer et développer leurs intérêts variés.

Les différences socio-économiques jouent également un rôle important dans l'expérience de la douance. Les ressources disponibles, telles que l'accès à une éducation de qualité, des programmes d'enrichissement, et un soutien professionnel, peuvent varier considérablement en fonction du contexte socio-économique. Les enfants doués issus de milieux défavorisés peuvent ne pas avoir les mêmes opportunités pour développer et exprimer leurs talents, ce qui peut conduire à une sous-identification et à un manque de soutien pour leur douance.

De plus, les stéréotypes et les attentes culturelles peuvent influencer la manière dont les personnes douées se perçoivent et sont perçues par les autres. Dans certaines cultures, par exemple, il peut y avoir des attentes de genre spécifiques concernant les domaines dans lesquels les hommes et les femmes sont censés exceller, ce qui peut limiter les opportunités pour les individus doués de poursuivre des intérêts en dehors de ces normes.

La douance dans différents contextes culturels et sociaux est un phénomène complexe et multidimensionnel. Une compréhension approfondie de ces contextes est essentielle pour identifier et soutenir efficacement les personnes douées. Cela implique de reconnaître et de valoriser la diversité des talents et des expériences, et de fournir un soutien adapté qui tient compte des influences culturelles et sociales sur la douance.

1.7 Gestion des Défis Liés à la Douance

1.7.1 Stratégies pour gérer la sensibilité émotionnelle et le stress

La gestion de la sensibilité émotionnelle et du stress est un aspect crucial pour les personnes douées, dont la profondeur émotionnelle et la réactivité peuvent être à la fois une source de richesse et un défi. Les personnes douées ressentent souvent les émotions plus intensément que la moyenne, ce qui peut conduire à une plus grande empathie et compréhension, mais aussi à une susceptibilité accrue au stress et à l'anxiété. Développer des stratégies efficaces pour gérer ces aspects est donc essentiel pour leur bien-être et leur épanouissement.

Une première stratégie importante est le développement de l'intelligence émotionnelle. Cela implique d'apprendre à reconnaître et à comprendre ses propres émotions, ainsi que celles des autres. Les personnes douées peuvent travailler à identifier les déclencheurs de leurs émotions fortes et à développer des techniques pour les gérer de manière constructive. Cela peut inclure des pratiques de pleine conscience, des techniques de respiration, ou des activités de relaxation pour aider à réguler les réponses émotionnelles.

Une autre stratégie clé est la création d'un réseau de soutien solide. Cela peut inclure des amis, des membres de la famille, des mentors, ou des professionnels de la santé mentale qui comprennent et apprécient la nature unique de la douance. Avoir des personnes de confiance avec qui partager des expériences et des émotions peut fournir un soutien essentiel et aider à atténuer le sentiment d'isolement que peuvent ressentir les personnes douées.

L'auto-expression créative est également un outil puissant pour gérer la sensibilité émotionnelle et le stress. Les activités créatives comme l'art, l'écriture, la musique ou le théâtre offrent un exutoire pour exprimer des émotions complexes et peuvent être particulièrement thérapeutiques. Ces activités permettent non seulement de traiter les émotions, mais aussi de transformer les expériences intérieures en quelque chose de tangible et de significatif.

En outre, l'établissement de limites saines est crucial. Les personnes douées doivent apprendre à reconnaître leurs limites émotionnelles et à dire non à des situations qui les submergent ou les stressent excessivement. Cela peut impliquer de prendre du temps pour soi, de pratiquer l'autogestion, et de prioriser des activités qui favorisent le bien-être et la détente.

Enfin, la recherche d'opportunités d'apprentissage et de croissance personnelle peut aider à gérer le stress et à renforcer la résilience. Cela peut inclure la participation à des ateliers, des séminaires, ou des groupes de discussion qui se concentrent sur le développement personnel, la gestion du stress, ou la douance. Ces expériences peuvent offrir de nouvelles perspectives et des outils pour mieux gérer les défis émotionnels.

En somme, la gestion de la sensibilité émotionnelle et du stress chez les personnes douées nécessite une approche holistique qui englobe la compréhension de soi, le soutien social, l'expression créative, la mise en place de limites saines, et la recherche continue de croissance personnelle. En développant ces stratégies, les personnes douées peuvent non seulement mieux gérer leurs émotions, mais aussi utiliser leur sensibilité comme une force pour enrichir leur vie et celle des autres.

1.7.2 Techniques pour exploiter pleinement son potentiel

Pour les personnes douées, exploiter pleinement leur potentiel est un processus qui implique à la fois la reconnaissance de leurs capacités uniques et le développement de stratégies pour les mettre en œuvre de manière efficace et épanouissante. Cette démarche nécessite souvent une approche personnalisée, tenant compte de leurs forces individuelles, de leurs intérêts et de leurs défis.

Une technique fondamentale pour maximiser son potentiel est l'auto-réflexion. Les personnes douées bénéficient grandement de prendre le temps de comprendre leurs propres processus de pensée, leurs motivations et leurs émotions. Cela peut impliquer de tenir un journal, de pratiquer la méditation, ou de participer à des séances de coaching ou de thérapie. L'auto-réflexion aide à identifier non seulement les domaines de force, mais aussi les domaines où un développement supplémentaire est nécessaire, permettant ainsi une croissance personnelle et professionnelle plus ciblée.

La définition d'objectifs clairs et réalisables est également cruciale. Les personnes douées doivent apprendre à canaliser leur énergie et leur créativité vers des objectifs spécifiques qui correspondent à leurs passions et à leurs talents. Cela implique souvent de décomposer de grands objectifs en étapes plus petites et plus gérables, et de mettre en place des plans d'action concrets. La fixation d'objectifs aide à maintenir la concentration et à mesurer les progrès, tout en fournissant un sentiment d'accomplissement et de direction.

La recherche de défis stimulants est une autre technique importante. Les personnes douées s'épanouissent souvent lorsqu'elles sont confrontées à des tâches qui les poussent à sortir de leur zone de confort et à utiliser pleinement leurs capacités. Cela peut impliquer de s'engager dans des projets complexes, d'apprendre de nouvelles compétences, ou de participer à des compétitions ou des activités qui défient leur intellect et leur créativité. Les défis stimulants non seulement renforcent les compétences existantes, mais ouvrent également la voie à de nouvelles découvertes et innovations.

Le développement d'un réseau de soutien est également essentiel. Les personnes douées bénéficient de la collaboration avec des pairs, des mentors et des professionnels qui comprennent et valorisent leur douance. Un réseau de soutien peut offrir des conseils, des opportunités de collaboration, et un espace pour partager des idées et des expériences. Il peut également fournir un soutien émotionnel, crucial pour naviguer dans les défis associés à la douance.

Enfin, il est important pour les personnes douées de maintenir un équilibre sain entre le travail et la vie personnelle. Bien qu'elles soient souvent passionnées par leurs domaines d'intérêt, il est essentiel de prendre du temps pour le repos, les loisirs et les relations personnelles. Un équilibre sain aide à prévenir l'épuisement et assure une approche plus durable et épanouissante de l'exploitation de leur potentiel.

Exploiter pleinement le potentiel des personnes douées implique une combinaison d'auto-réflexion, de définition d'objectifs, de recherche de défis, de développement d'un réseau de soutien et de maintien d'un équilibre sain. En adoptant ces techniques, les personnes douées peuvent non seulement réaliser leurs ambitions, mais aussi contribuer de manière significative à leur communauté et à la société dans son ensemble.

1.8 Douance et Bien-être

1.8.1 Importance de l'équilibre émotionnel et mental

L'importance de l'équilibre émotionnel et mental pour les personnes douées ne saurait être sous-estimée. En raison de leur sensibilité accrue et de leur intense vie intérieure, maintenir un équilibre émotionnel et mental est crucial pour leur bien-être global. Les personnes douées expérimentent souvent les émotions plus profondément que les autres, ce qui peut être à la fois une source d'une grande empathie et de compréhension, mais aussi de stress et d'anxiété accrus. Par conséquent, trouver des moyens de gérer ces émotions intenses est essentiel pour éviter l'épuisement émotionnel et maintenir une santé mentale robuste.

L'équilibre émotionnel chez les personnes douées implique souvent de développer une conscience de soi et des compétences en régulation émotionnelle. Cela peut inclure des techniques de gestion du stress telles que la méditation, le yoga, ou la respiration profonde, qui aident à calmer l'esprit et à réduire l'anxiété. La pleine conscience, en particulier, peut être un outil puissant, car elle encourage une attention et une conscience momentanée, aidant les personnes douées à rester ancrées dans le présent plutôt que de se perdre dans des pensées ou des inquiétudes excessives.

De plus, l'équilibre mental nécessite souvent de trouver un équilibre entre les activités stimulantes intellectuellement et les périodes de repos et de détente. Les personnes douées, avec leur soif constante de connaissances et de défis, peuvent parfois s'engager dans des activités intellectuelles de manière excessive, ce qui peut conduire à un épuisement mental. Il est donc important pour elles de reconnaître la valeur du repos et de s'engager dans des activités qui les détendent et les revitalisent, comme passer du temps dans la nature, pratiquer des hobbies, ou simplement se reposer.

Un autre aspect crucial de l'équilibre émotionnel et mental est la construction de relations sociales saines. Les personnes douées peuvent parfois se sentir isolées en raison de leurs intérêts uniques ou de leur manière de penser. Trouver et maintenir des relations avec des personnes qui comprennent et apprécient leur unicité peut fournir un soutien émotionnel important. Que ce soit à travers des amitiés, des relations familiales, ou des groupes de soutien pour les personnes douées, ces connexions peuvent offrir un sentiment d'appartenance et un espace pour partager des expériences et des émotions.

Enfin, il est important pour les personnes douées de reconnaître et de célébrer leurs succès et leurs réalisations. En raison de leur tendance au perfectionnisme, elles peuvent être excessivement critiques envers elles-mêmes et minimiser leurs succès. Apprendre à reconnaître et à apprécier leurs efforts et leurs réalisations peut renforcer l'estime de soi et favoriser un sentiment de satisfaction et d'accomplissement.

En somme, l'équilibre émotionnel et mental est un élément clé du bien-être pour les personnes douées. En développant des stratégies de gestion du stress, en équilibrant les activités intellectuelles avec le repos, en construisant des relations sociales saines, et en célébrant leurs propres succès, les personnes douées peuvent non seulement gérer les défis associés à leur sensibilité et leur intensité, mais aussi mener une vie plus épanouissante et enrichissante.

1.8.2 Approches pour un développement personnel harmonieux

Le développement personnel harmonieux pour les personnes douées est un processus qui nécessite une attention particulière à l'équilibre entre les divers aspects de leur vie. En raison de leur intensité intellectuelle et émotionnelle, les personnes douées peuvent souvent se retrouver absorbées par leurs passions et leurs intérêts, au risque de négliger d'autres domaines importants de leur vie. Pour atteindre un développement personnel harmonieux, il est essentiel d'adopter des approches qui favorisent l'équilibre et l'intégration de tous les aspects de leur être.

Une approche clé est la poursuite d'une croissance intellectuelle équilibrée. Bien que les personnes douées soient naturellement inclinées à chercher des défis intellectuels, il est important qu'elles diversifient leurs domaines d'intérêt. Cela peut inclure l'exploration de sujets en dehors de leur zone de confort ou la participation à des activités qui stimulent la créativité et l'imagination. Cette diversification aide non seulement à élargir leur horizon, mais aussi à prévenir l'épuisement mental dû à une

concentration excessive sur un seul domaine.
L'importance de la santé physique est également
cruciale dans le développement personnel
harmonieux. Les activités physiques régulières,
une alimentation équilibrée et un sommeil
suffisant sont essentiels pour maintenir l'énergie
et la vitalité. L'exercice physique, en particulier,
peut être un excellent moyen de gérer le stress
et d'améliorer l'humeur, en plus de ses bienfaits
pour la santé physique.

Le développement des compétences sociales et
émotionnelles est un autre aspect important.
Les personnes douées, avec leur sensibilité
émotionnelle, peuvent parfois trouver difficile
de naviguer dans des interactions sociales
complexes. Travailler sur des compétences
telles que l'empathie, la communication
efficace et la gestion des conflits peut
améliorer leurs relations et leur bien-être
émotionnel. Participer à des groupes sociaux,
des activités communautaires ou des ateliers
de développement personnel peut offrir des
opportunités précieuses pour développer ces
compétences.

La pratique de la pleine conscience et de
la méditation peut également jouer un rôle
significatif dans le développement personnel
harmonieux. Ces pratiques aident à cultiver une
présence et une conscience accrues, permettant
aux personnes douées de rester ancrées et
centrées. La pleine conscience aide à gérer

l'intensité des pensées et des émotions et favorise un état d'esprit plus calme et plus réfléchi.

Enfin, il est important pour les personnes douées de reconnaître et d'accepter leurs limites. Apprendre à dire non à des engagements excessifs, à prendre du temps pour soi, et à reconnaître les signes de surmenage sont des compétences essentielles. L'auto-compassion et la gentillesse envers soi-même sont également cruciales, surtout face à la tendance au perfectionnisme et à l'autocritique.

En intégrant ces différentes approches, les personnes douées peuvent travailler vers un développement personnel harmonieux, équilibrant leur quête intellectuelle avec le bien-être émotionnel, social et physique. Cette approche holistique est la clé pour vivre une vie pleine et épanouissante, en exploitant pleinement leur potentiel tout en maintenant un bien-être global.

CHAPITRE 2 : LES PERSONNES DOUÉES ET LE LEADERSHIP

"Le plus grand danger pour la plupart d'entre nous n'est pas que notre but soit trop élevé et que nous le manquions, mais qu'il soit trop bas et que nous l'atteignions."

Michelangelo

2.1 La Douance comme Fondement du Leadership Exploration de la manière dont les traits de la douance influencent le

style de leadership.

Explorons la relation intrinsèque entre la douance et les qualités de leadership. La douance, avec ses traits distinctifs, peut servir de fondement solide pour un leadership efficace et innovant. Cette section examine comment les caractéristiques spécifiques de la douance influencent et façonnent le style de leadership d'un individu.

Tout d'abord, la capacité de pensée analytique et de résolution de problèmes complexe, souvent observée chez les personnes douées, est un atout majeur dans le leadership. Cette aptitude permet non seulement de naviguer à travers des situations complexes avec aisance, mais aussi d'anticiper les défis futurs et de développer des stratégies proactives. Les leaders doués sont souvent capables de voir le "tableau d'ensemble" et de relier des idées et des concepts de manière à créer des solutions innovantes et efficaces.

En outre, la créativité et la pensée divergente, caractéristiques communes de la douance, jouent un rôle crucial dans le leadership. Ces traits permettent aux leaders de sortir des sentiers battus, de remettre en question le statu quo et d'apporter des perspectives fraîches et originales. Dans un monde en constante évolution, cette capacité à penser différemment est inestimable, car elle favorise l'innovation et l'adaptabilité.

La sensibilité émotionnelle, souvent plus prononcée chez les personnes douées, peut également être un atout précieux dans le leadership. Cette sensibilité permet une plus grande empathie et compréhension des besoins et des motivations des autres, ce qui est essentiel pour construire des équipes fortes et cohésives. Un leader doué qui sait gérer cette sensibilité peut utiliser son empathie pour motiver et inspirer son équipe, tout en créant un environnement de travail où chacun se sent valorisé et compris.

Cependant, ces mêmes traits peuvent aussi présenter des défis dans un rôle de leadership. Par exemple, la tendance au perfectionnisme et à l'autocritique peut conduire à des attentes irréalistes, tant pour soi-même que pour les autres. De même, une sensibilité émotionnelle accrue peut parfois rendre la gestion des conflits et des pressions du leadership plus difficile. Il est donc crucial pour les leaders doués de développer des stratégies pour gérer ces aspects de leur douance de manière constructive.

La douance offre une base solide pour le développement de compétences de leadership exceptionnelles. Les traits de la douance, tels que la pensée analytique et créative, la sensibilité émotionnelle et la capacité à résoudre des problèmes complexes, peuvent grandement enrichir le style de leadership d'un individu. Cependant, il est également important pour les leaders doués de reconnaître et de gérer les défis que leur douance peut présenter dans un contexte de leadership. En équilibrant leurs forces et en développant des compétences complémentaires, les personnes douées peuvent devenir des leaders véritablement inspirants et efficaces.

2.2 Leadership Transformateur et Douance Analyse de la capacité des personnes douées à inspirer et à motiver les autres.

Le concept de leadership transformateur est particulièrement pertinent lorsqu'il est appliqué aux personnes douées. Ce style de leadership, qui vise à inspirer et à motiver les autres à atteindre leur plein potentiel, semble naturellement en harmonie avec les capacités et les traits des personnes douées. L'analyse de la manière dont les personnes douées peuvent exercer un leadership transformateur révèle plusieurs aspects clés de leur potentiel à influencer positivement ceux qui les entourent.

Les personnes douées possèdent souvent une vision profonde et une compréhension nuancée des situations, ce qui leur permet de voir au-delà des apparences et d'anticiper les tendances futures. Cette capacité à percevoir les possibilités à long terme et à envisager des solutions innovantes est essentielle dans le leadership transformateur. Elle permet aux leaders doués de guider leurs équipes vers des objectifs ambitieux, en les inspirant avec une vision claire et motivante de ce qui peut être réalisé.

En outre, la passion et l'enthousiasme sont des caractéristiques fréquemment observées chez les personnes douées, en particulier lorsqu'elles s'engagent dans des domaines qui les intéressent profondément. Cette passion est contagieuse et peut être un puissant moteur de motivation pour les autres. Un leader doué qui partage son enthousiasme et sa passion peut galvaniser son équipe, suscitant un engagement et un dévouement qui vont au-delà des attentes ordinaires.

La sensibilité émotionnelle accrue des personnes douées, lorsqu'elle est bien gérée, peut également être un atout majeur dans le leadership transformateur. Cette sensibilité permet une compréhension plus profonde des besoins, des désirs et des motivations des membres de l'équipe. Un leader doué capable d'empathie peut créer des liens forts avec son équipe, favorisant un environnement de travail où les membres se sentent compris, valorisés et soutenus. Cette approche empathique peut renforcer la confiance et la loyauté, des éléments clés pour un leadership transformateur réussi.

Cependant, exercer un leadership

transformateur n'est pas sans défis pour les personnes douées. Leur tendance à fixer des normes élevées pour eux-mêmes et pour les autres peut parfois conduire à des attentes irréalistes. De plus, leur intensité et leur passion, bien que motivantes, doivent être équilibrées pour ne pas submerger ou intimider les autres. Les leaders doués doivent donc apprendre à moduler leur approche, en adaptant leur style de communication et en étant attentifs aux réactions et aux besoins de leur équipe.

Les personnes douées ont un potentiel considérable pour exercer un leadership transformateur. Leur vision, leur passion, et leur sensibilité émotionnelle sont des atouts qui, lorsqu'ils sont utilisés de manière équilibrée et réfléchie, peuvent inspirer et motiver les autres de manière profonde et durable. En développant et en affinant ces qualités, les leaders doués peuvent non seulement atteindre des objectifs remarquables, mais aussi encourager et habiliter ceux qui les entourent à réaliser leur propre potentiel.

2.3 Défis Spécifiques pour les Leaders Doués Discussion des obstacles uniques auxquels les leaders doués

peuvent être confrontés.

Les leaders doués, malgré leurs nombreux talents et capacités, peuvent faire face à des défis spécifiques qui découlent de leur douance. Ces obstacles uniques peuvent parfois entraver leur efficacité en tant que leaders ou affecter leur bien-être personnel.

Un des défis majeurs pour les leaders doués est la gestion de leurs attentes élevées, tant envers eux-mêmes qu'envers les autres. En raison de leur intelligence et de leur capacité à percevoir rapidement les solutions, ils peuvent s'attendre à ce que les autres saisissent et réagissent avec la même rapidité et le même niveau de compréhension. Cela peut conduire à des frustrations lorsque les membres de l'équipe ne répondent pas à ces attentes élevées. Les leaders doués doivent donc apprendre à ajuster leurs attentes et à communiquer de manière efficace et empathique, en reconnaissant que chacun a son propre rythme et style d'apprentissage.

Un autre défi est la sensibilité émotionnelle. Bien que cela puisse être un atout en termes d'empathie et de compréhension des autres, une sensibilité émotionnelle accrue peut également rendre les leaders doués plus vulnérables au stress et à l'épuisement émotionnel. Ils peuvent ressentir plus intensément les défis et les pressions du leadership, ce qui nécessite une gestion consciente de leur bien-être émotionnel et mental.

Les leaders doués peuvent également éprouver un sentiment d'isolement. Leur manière de penser unique et leur approche non conventionnelle des problèmes peuvent parfois les mettre à part de leurs collègues et pairs. Trouver des individus qui partagent un niveau de pensée similaire ou qui comprennent leur perspective peut être difficile, ce qui peut entraîner un sentiment de solitude ou de déconnexion.

De plus, la tendance au perfectionnisme est un autre obstacle courant. Les leaders doués peuvent avoir des normes extrêmement élevées pour leur propre performance et celle de leur équipe, ce qui peut conduire à une pression constante et à une insatisfaction. Ce perfectionnisme, bien qu'il puisse conduire à d'excellents résultats, peut aussi être source de stress et d'insatisfaction personnelle si les attentes ne sont pas atteintes.

Enfin, les leaders doués peuvent faire face à des défis dans la reconnaissance et la valorisation de leur douance. Dans certains environnements de travail, les qualités qui découlent de leur douance, comme la pensée créative ou la sensibilité émotionnelle, peuvent ne pas être pleinement appréciées ou comprises. Cela peut conduire à un manque de reconnaissance de leurs contributions uniques et à une sous-utilisation de leurs talents.

Ces défis spécifiques nécessitent une approche consciente et réfléchie de la part des leaders doués. En développant une compréhension de leurs propres besoins et défis, en apprenant à gérer leurs attentes et leur sensibilité émotionnelle, et en cherchant un soutien adapté, les leaders doués peuvent non seulement surmonter ces obstacles, mais aussi utiliser leurs talents uniques pour inspirer et guider efficacement leurs équipes.

2.4 Stratégies de Leadership Adaptées à la Douance Techniques et approches de leadership qui tirent parti des forces des personnes douées.

Les stratégies de leadership adaptées à la douance sont essentielles pour permettre aux leaders doués de maximiser leur potentiel tout en gérant efficacement les défis inhérents à leur douance. Ces techniques et approches doivent tirer parti de leurs forces uniques, tout en tenant compte de leurs besoins spécifiques.

Une stratégie clé pour les leaders doués est de capitaliser sur leur capacité à penser de manière analytique et créative. Cela implique d'encourager l'innovation et la résolution de problèmes au sein de leurs équipes. Les leaders doués peuvent créer un environnement où la pensée hors des sentiers battus est valorisée et où les membres de l'équipe sont encouragés à explorer de nouvelles idées. Cela peut être réalisé en instaurant des séances de brainstorming régulières, en encourageant la prise de risque calculée et en reconnaissant les contributions créatives.

Une autre approche importante est de développer une communication empathique et inclusive. En raison de leur sensibilité émotionnelle, les leaders doués sont souvent capables de comprendre et de se connecter avec leurs collègues à un niveau profond. Ils peuvent utiliser cette capacité pour créer un dialogue ouvert et honnête au sein de l'équipe, en encourageant les membres à partager leurs idées et leurs préoccupations. Une communication efficace aide également à aligner l'équipe sur des objectifs communs et à renforcer le sentiment de cohésion et de collaboration.

Les leaders doués doivent également apprendre à gérer leur tendance au perfectionnisme. Cela peut être accompli en fixant des objectifs réalistes pour eux-mêmes et pour leur équipe, et en reconnaissant que l'échec fait partie intégrante du processus d'apprentissage et de croissance. Ils peuvent encourager une culture où les erreurs sont vues comme des opportunités d'apprentissage, plutôt que comme des échecs.

En outre, il est crucial pour les leaders doués de

pratiquer l'autogestion, en particulier en ce qui concerne leur charge de travail et leur bien-être émotionnel. Ils doivent être conscients de leurs limites et veiller à ne pas s'épuiser. Cela peut impliquer de déléguer des responsabilités, de prendre des pauses régulières pour se ressourcer, et de s'engager dans des activités qui favorisent la détente et le bien-être personnel.

Enfin, les leaders doués bénéficient de la création d'un réseau de soutien. Cela peut inclure des mentors, des pairs et des professionnels qui comprennent et apprécient les défis et les forces uniques de la douance. Un réseau de soutien solide peut offrir des conseils précieux, un feedback constructif et un encouragement nécessaire, en particulier dans les moments difficiles.

En adoptant ces stratégies, les leaders doués peuvent non seulement tirer parti de leurs forces uniques, mais aussi créer un environnement de travail dynamique et stimulant où l'innovation, la créativité et la collaboration prospèrent. Ces approches permettent non seulement d'atteindre des objectifs organisationnels, mais aussi de favoriser le développement personnel et professionnel des membres de l'équipe.

2.5 Cas d'Étude : Leaders Doués dans l'Histoire Exemples

de figures historiques
reconnues pour leur douance
et leur leadership.

L'histoire est riche en exemples de leaders doués dont les contributions ont façonné le monde dans lequel nous vivons. Ces figures historiques se distinguent non seulement par leur intelligence exceptionnelle, mais aussi par leur capacité à influencer, à innover et à diriger dans divers domaines. Leur douance, combinée à leur leadership, a souvent conduit à des avancées significatives dans la science, la politique, l'art et d'autres domaines.

Un exemple emblématique est celui de Léonard de Vinci, souvent cité comme l'archétype du "génie universel". Artiste, scientifique, ingénieur, inventeur et penseur, Léonard de Vinci incarnait la douance dans de multiples domaines. Sa curiosité insatiable et sa capacité à relier des domaines de connaissance apparemment disparates ont conduit à des innovations et des découvertes qui étaient en avance sur son temps. En tant que leader dans son domaine, il a inspiré des générations d'artistes et de scientifiques et continue d'être admiré pour sa pensée visionnaire.

Un autre leader doué notable est Albert Einstein, dont les théories révolutionnaires ont changé notre compréhension de la physique. Einstein n'était pas seulement un physicien brillant; il était également connu pour sa sagesse philosophique et son engagement envers la paix et la justice sociale. Sa capacité à conceptualiser des idées complexes et à les communiquer de manière accessible a fait de lui un leader dans le domaine scientifique et un modèle pour les penseurs futurs.

Dans le domaine de la politique et du leadership social, Nelson Mandela se distingue comme un leader doué. Son intelligence, sa persévérance et sa capacité à inspirer et à unir les gens ont été cruciales dans la lutte contre l'apartheid en Afrique du Sud. Mandela a démontré que le leadership ne concerne pas seulement l'intelligence, mais aussi la sagesse, l'empathie et la capacité à voir au-delà des divisions pour travailler vers un objectif commun.

Dans le domaine de la littérature, Virginia Woolf est un exemple de leader doué. Connue pour son écriture innovante et son exploration profonde de la psyché humaine, Woolf a influencé le cours de la littérature moderne. Sa capacité à articuler des expériences intérieures complexes et à expérimenter avec la forme narrative a ouvert de nouvelles voies pour les écrivains et continue d'inspirer les lecteurs et les auteurs.

Ces exemples illustrent comment la douance, lorsqu'elle est combinée avec les qualités de leadership, peut conduire à des réalisations extraordinaires. Ces leaders doués partagent des traits communs tels que la créativité, la capacité à penser de manière innovante, et l'engagement envers leurs convictions. Leur héritage démontre l'impact profond que les personnes douées peuvent avoir lorsqu'elles utilisent leurs talents pour diriger et inspirer les autres.

2.6 Innovation et Créativité dans le Leadership Doué Comment la douance favorise une pensée innovante et créative dans le leadership.

La douance joue un rôle crucial dans la promotion de l'innovation et de la créativité dans le leadership. Les personnes douées possèdent souvent une combinaison unique de curiosité intellectuelle, de pensée analytique et de capacité à percevoir les choses sous un angle différent. Ces qualités sont essentielles pour favoriser un leadership qui non seulement répond aux défis actuels, mais anticipe et façonne l'avenir.

L'un des aspects les plus significatifs de la douance dans le contexte du leadership est la capacité à penser de manière divergente. Contrairement à la pensée convergente, qui cherche une seule solution correcte, la pensée divergente implique l'exploration de multiples solutions possibles à un problème. Cette approche est fondamentale pour l'innovation, car elle permet aux leaders doués de sortir des sentiers battus et de proposer des solutions originales et créatives. Dans un environnement commercial, par exemple, cela peut se traduire par le développement de nouveaux produits, services ou stratégies qui distinguent une entreprise de ses concurrents.

En outre, la douance favorise une curiosité insatiable et un désir d'apprentissage continu. Les leaders doués sont souvent des apprenants à vie, toujours à la recherche de nouvelles connaissances et expériences. Cette soif de savoir les conduit à explorer divers domaines et à intégrer des idées de différentes disciplines, enrichissant ainsi leur approche du leadership. Cette intégration interdisciplinaire est une source fertile d'innovation, car elle permet de combiner des concepts et des perspectives de manière unique.

La sensibilité émotionnelle et la profondeur de pensée, souvent associées à la douance, jouent également un rôle important dans le leadership créatif. Les leaders doués sont capables de comprendre et de se connecter avec les autres à un niveau profond, ce qui est crucial pour inspirer et motiver les équipes. Leur empathie et leur compréhension des dynamiques humaines peuvent les aider à créer des environnements de travail où la créativité et l'innovation sont encouragées et valorisées.

Cependant, pour que l'innovation et la créativité prospèrent sous un leadership doué, il est essentiel que ces leaders reconnaissent et gèrent les défis associés à leur douance. Cela inclut la gestion de leur tendance au perfectionnisme, l'établissement de relations de travail efficaces malgré des attentes élevées, et la prise en compte des besoins et des perspectives diverses au sein de leurs équipes.

La douance offre un terrain fertile pour un leadership innovant et créatif. Les qualités telles que la pensée divergente, la curiosité insatiable, l'intégration interdisciplinaire et la sensibilité émotionnelle sont des atouts précieux dans le monde du leadership. Lorsqu'elles sont bien gérées, ces qualités permettent aux leaders doués de pousser les frontières de l'innovation et d'inspirer ceux qui les entourent à explorer de nouvelles possibilités et à réaliser leur plein potentiel créatif.

2.7 Communication et Leadership chez les Personnes Douées Techniques de communication efficaces pour les leaders doués.

La communication est un aspect fondamental du

leadership, et pour les leaders doués, maîtriser l'art de communiquer efficacement est essentiel pour maximiser leur impact et leur influence. Les personnes douées, avec leurs capacités intellectuelles et émotionnelles uniques, peuvent rencontrer des défis spécifiques dans la communication, mais elles possèdent également des atouts qui, s'ils sont bien exploités, peuvent rendre leur communication exceptionnellement puissante.

Une technique de communication essentielle pour les leaders doués est l'adaptabilité. En raison de leur capacité à traiter rapidement les informations et à comprendre des concepts complexes, ils doivent souvent adapter leur langage et leur style de communication pour être compréhensibles et accessibles à différents publics. Cela implique de simplifier les concepts sans perdre leur essence et de trouver des analogies ou des exemples qui rendent les idées plus tangibles pour les autres. Cette adaptabilité permet non seulement de transmettre des idées complexes de manière efficace, mais aussi de s'assurer que les membres de l'équipe se sentent inclus et valorisés.

Une autre technique importante est l'écoute active. Les leaders doués, souvent habitués à dominer les conversations en raison de leur vitesse de pensée et de leur richesse d'idées, doivent pratiquer l'écoute active pour comprendre véritablement les perspectives et les contributions des autres. L'écoute active implique de donner une attention complète à l'interlocuteur, de poser des questions pour approfondir la compréhension et de refléter ce qui a été dit pour assurer la clarté. Cette approche favorise un environnement de communication ouvert où toutes les voix sont entendues et valorisées.

La gestion de la sensibilité émotionnelle est également cruciale dans la communication des leaders doués. Bien que leur sensibilité puisse être un atout en termes d'empathie et de compréhension des autres, elle peut aussi les rendre vulnérables aux critiques ou aux conflits. Les leaders doués doivent donc développer des compétences pour gérer leurs propres émotions et répondre de manière constructive aux situations émotionnellement chargées. Cela peut inclure des techniques de gestion du stress, comme la respiration profonde ou la méditation, ainsi que des stratégies pour maintenir l'objectivité et la calme dans les discussions.

En outre, les leaders doués bénéficient de l'utilisation de la communication pour inspirer et motiver. Leur passion et leur enthousiasme pour leurs domaines d'intérêt peuvent être contagieux, et lorsqu'ils communiquent leurs visions et leurs idées avec conviction, ils peuvent galvaniser leurs équipes et les pousser vers des objectifs communs. Cela implique de partager non seulement des objectifs et des stratégies, mais aussi des histoires et des expériences qui donnent vie à ces objectifs et renforcent le sens du but commun.

Pour les leaders doués, développer des techniques de communication efficaces est essentiel pour exercer un leadership efficace. L'adaptabilité, l'écoute active, la gestion de la sensibilité émotionnelle et l'utilisation de la communication pour inspirer et motiver sont des compétences clés qui peuvent améliorer considérablement leur capacité à diriger et à influencer. En affinant ces compétences, les leaders doués peuvent non seulement transmettre leurs idées de manière plus efficace, mais aussi créer des environnements de travail plus harmonieux et productifs.

2.8 Développement du Potentiel de Leadership chez les Personnes Douées Conseils et stratégies pour cultiver et développer les compétences de leadership chez les personnes douées.

Le développement du potentiel de leadership chez les personnes douées nécessite une approche qui reconnaît et valorise leurs capacités uniques tout en abordant les défis spécifiques qu'elles peuvent rencontrer. Pour cultiver et développer efficacement les compétences de leadership chez les personnes douées, il est essentiel d'adopter des stratégies qui favorisent à la fois leur croissance personnelle et professionnelle.

Une première étape cruciale dans le développement du leadership est l'auto-réflexion. Les personnes douées doivent prendre le temps de comprendre leurs propres forces, faiblesses, et motivations. Cela implique souvent de s'engager dans un processus d'introspection pour identifier leurs passions, leurs valeurs et leurs objectifs de carrière. L'auto-réflexion aide également à reconnaître les domaines de développement personnel, tels que la gestion de la sensibilité émotionnelle ou du perfectionnisme, qui sont essentiels pour un leadership efficace.

La recherche de feedback et de mentorat est également importante. Les personnes douées bénéficient grandement de la guidance de mentors expérimentés qui peuvent offrir des conseils, des perspectives et un soutien adaptés à leurs besoins uniques. Le feedback constructif, qu'il provienne de mentors, de collègues ou de subordonnés, est crucial pour identifier les domaines d'amélioration et pour développer des compétences de leadership telles que la communication, la prise de décision et la gestion d'équipe.

Le développement des compétences interpersonnelles est un autre aspect clé. Les personnes douées doivent souvent travailler sur des compétences telles que l'écoute active, l'empathie, et la gestion des conflits pour améliorer leurs interactions avec les autres. Participer à des ateliers, des formations ou des activités de groupe peut fournir des opportunités pratiques pour développer ces compétences essentielles.

En outre, il est important pour les personnes douées de se mettre au défi et de sortir de leur zone de confort. Cela peut impliquer de prendre des rôles de leadership dans des projets, de s'engager dans des activités en dehors de leur domaine d'expertise, ou de participer à des programmes de développement du leadership. Ces expériences offrent des occasions précieuses d'apprendre par la pratique et de développer la confiance en soi et la résilience.

Enfin, la gestion de l'équilibre entre vie professionnelle et vie personnelle est essentielle. Les personnes douées, avec leur tendance à s'immerger profondément dans leurs intérêts, doivent veiller à ne pas négliger leur bien-être personnel. Cela implique de prendre du temps pour des activités de loisir, des hobbies, et des relations personnelles, qui sont tous essentiels pour maintenir un équilibre sain et pour éviter l'épuisement.

Le développement du potentiel de leadership chez les personnes douées implique une combinaison d'auto-réflexion, de recherche de feedback et de mentorat, du développement de compétences interpersonnelles, de la prise de défis, et de la gestion de l'équilibre entre vie professionnelle et personnelle. En adoptant ces stratégies, les personnes douées peuvent non seulement améliorer leurs compétences de leadership, mais aussi s'épanouir dans leurs rôles de leaders, en apportant une contribution significative à leurs organisations et à la société.

2.9 Éthique et Responsabilité dans le Leadership Doué Importance de l'intégrité et de la responsabilité sociale chez les leaders doués.

L'éthique et la responsabilité sont des composantes essentielles du leadership, et pour les leaders doués, elles revêtent une importance particulière. La douance, avec sa capacité à percevoir et à analyser les complexités du monde, confère aux leaders doués une responsabilité unique en matière d'intégrité et de responsabilité sociale. Ces leaders sont souvent placés dans des positions où leurs décisions et actions ont un impact significatif, non seulement sur leurs équipes ou organisations, mais aussi sur la société dans son ensemble.

L'intégrité est le fondement sur lequel repose un leadership éthique. Pour les leaders doués, cela signifie adhérer à des principes moraux élevés dans toutes leurs actions et décisions. L'intégrité implique l'honnêteté, la transparence et la cohérence entre les paroles et les actes. Un leader doué qui fait preuve d'intégrité gagne la confiance et le respect de ses collègues et subordonnés, ce qui est crucial pour construire des relations solides et pour mener efficacement. De plus, en agissant avec intégrité, ces leaders servent de modèles pour les autres, encourageant des normes éthiques élevées au sein de leur organisation.

La responsabilité sociale est un autre aspect crucial du leadership éthique, particulièrement pertinent pour les leaders doués. En raison de leur compréhension approfondie des enjeux mondiaux et de leur capacité à influencer, les leaders doués ont une opportunité unique de promouvoir le bien-être social et environnemental. Cela peut impliquer de prendre des décisions qui non seulement bénéficient à l'organisation, mais qui contribuent également positivement à la société et à l'environnement. Par exemple, cela peut inclure la mise en œuvre de pratiques commerciales durables, le soutien à des initiatives communautaires, ou l'engagement dans des causes sociales.

Cependant, exercer un leadership éthique et responsable peut être un défi, en particulier dans des environnements où les pressions pour les résultats à court terme sont fortes. Les leaders doués doivent souvent naviguer dans des dilemmes éthiques complexes et faire des choix difficiles. Pour y parvenir, ils doivent développer une solide compréhension des principes éthiques et être prêts à défendre leurs convictions, même face à l'opposition ou aux défis.

En outre, les leaders doués doivent être conscients de l'impact de leurs actions et de leurs paroles. Avec leur influence considérable, ils doivent veiller à ce que leur comportement et leurs décisions reflètent les valeurs éthiques qu'ils souhaitent promouvoir. Cela implique d'être attentif aux conséquences de leurs actions et de prendre la responsabilité de corriger les erreurs ou les méfaits.

L'intégrité et la responsabilité sociale sont des aspects fondamentaux du leadership doué. En adhérant à des principes éthiques élevés et en prenant des décisions responsables, les leaders doués peuvent non seulement diriger avec succès, mais aussi contribuer à créer un avenir plus juste et durable. Leur capacité à agir avec intégrité et à assumer une responsabilité sociale peut avoir un impact profond et durable, à la fois au sein de leurs organisations et dans la société dans son ensemble.

2.10 Leadership Doué et Changement Social Rôle des leaders doués dans la conduite du changement social et organisationnel

Le rôle des leaders doués dans la conduite du changement social et organisationnel est à la fois vital et complexe. Dotés de capacités intellectuelles et émotionnelles exceptionnelles, ces leaders sont souvent à l'avant-garde des initiatives visant à transformer les sociétés et les organisations. Leur douance leur permet non seulement de percevoir les besoins de changement, mais aussi de conceptualiser et de mettre en œuvre des stratégies efficaces pour le réaliser.

Les leaders doués possèdent une capacité unique à anticiper les tendances futures et à identifier les domaines nécessitant une transformation. Cette vision prospective est cruciale dans un monde en constante évolution, où les défis sociaux et organisationnels deviennent de plus en plus complexes. Grâce à leur pensée analytique et créative, les leaders doués peuvent envisager des solutions innovantes aux problèmes persistants, qu'il s'agisse de questions environnementales, d'inégalités sociales, ou de défis organisationnels.

En outre, leur sensibilité émotionnelle et leur empathie leur permettent de comprendre et de se connecter avec les personnes affectées par ces changements. Cette compréhension profonde des dynamiques humaines est essentielle pour mobiliser le soutien et l'engagement autour des initiatives de changement. Les leaders doués peuvent utiliser leur empathie pour communiquer efficacement l'importance du changement, en inspirant et en motivant les autres à s'engager dans la cause.

Cependant, conduire le changement social et organisationnel n'est pas sans défis. Les leaders doués doivent souvent faire face à la résistance, que ce soit en raison de l'inertie organisationnelle, des intérêts établis, ou du scepticisme du public. Ils doivent donc développer des compétences en négociation et en résolution de conflits, ainsi qu'une capacité à présenter leurs idées de manière convaincante et persuasive.

De plus, les leaders doués doivent être capables de gérer les aspects pratiques du changement. Cela implique non seulement la conceptualisation de stratégies, mais aussi leur mise en œuvre effective. Ils doivent être capables de planifier de manière détaillée, de gérer les ressources, et de surmonter les obstacles pratiques pour transformer leurs visions en réalités tangibles.

Enfin, les leaders doués jouent un rôle crucial dans la création d'une culture de changement au sein des organisations et des sociétés. Ils peuvent modeler des environnements où l'innovation est valorisée, où les risques calculés sont encouragés, et où l'apprentissage continu est intégré. En cultivant de telles cultures, ils peuvent aider à assurer que le changement n'est pas seulement un événement ponctuel, mais une partie intégrante de l'évolution continue de l'organisation ou de la société.

Les leaders doués ont un rôle essentiel à jouer dans la conduite du changement social et organisationnel. Leur capacité à anticiper l'avenir, à comprendre les dynamiques humaines, à surmonter la résistance, à gérer les aspects pratiques du changement, et à cultiver une culture de l'innovation, les rend particulièrement aptes à guider les autres à travers des périodes de transformation. Leur leadership peut non seulement conduire à des changements significatifs, mais aussi inspirer une nouvelle génération à poursuivre la voie du progrès et de l'amélioration continue.

CHAPITRE 3 : DÉFIS ET OPPORTUNITÉS

"Le génie, c'est 1% d'inspiration et 99% de transpiration."

Thomas Edison

3.1 Comprendre les Défis Uniques des Leaders Doués Exploration des difficultés spécifiques rencontrées par les personnes douées dans des rôles de leadership.

Abordons maintenant de manière approfondie les défis uniques auxquels les leaders doués sont confrontés. Ces défis, souvent enracinés dans les caractéristiques mêmes qui définissent leur douance, peuvent influencer de manière significative leur efficacité en tant que leaders et leur expérience personnelle du leadership.

L'un des défis les plus courants pour les leaders doués est la gestion de leurs attentes élevées. En raison de leur intelligence et de leur capacité à comprendre rapidement les concepts complexes, ils peuvent s'attendre à ce que les autres saisissent les idées avec la même rapidité et le même niveau de compréhension. Cette attente peut conduire à des frustrations, tant pour le leader que pour les membres de l'équipe, en particulier lorsque ces derniers ne répondent pas aux attentes élevées du leader. Les leaders doués doivent donc apprendre à ajuster leurs attentes et à développer une patience accrue, tout en fournissant un soutien et des ressources adéquats pour aider leur équipe à réussir.

Un autre défi majeur est la gestion de la sensibilité émotionnelle. Les personnes douées ressentent souvent les émotions plus intensément, ce qui peut être un atout en termes d'empathie et de compréhension des autres. Cependant, cette sensibilité peut également les rendre plus vulnérables au stress et à l'épuisement émotionnel. Les leaders doués doivent donc développer des stratégies pour gérer leurs propres émotions et répondre de manière constructive aux situations émotionnellement chargées.

Le sentiment d'isolement est un autre obstacle fréquent. Les leaders doués, en raison de leur manière de penser unique et de leur approche non conventionnelle des problèmes, peuvent parfois se sentir déconnectés de leurs collègues et pairs. Trouver des individus qui partagent un niveau de pensée similaire ou qui comprennent leur perspective peut être difficile, ce qui peut entraîner un sentiment de solitude ou de déconnexion.

De plus, la tendance au perfectionnisme est un défi courant pour les leaders doués. Ils peuvent avoir des normes extrêmement élevées pour leur propre performance et celle de leur équipe, ce qui peut conduire à une pression constante et à une insatisfaction. Bien que le perfectionnisme puisse conduire à d'excellents résultats, il peut aussi être source de stress et d'insatisfaction personnelle si les attentes ne sont pas atteintes.

Enfin, les leaders doués peuvent faire face à des défis dans la reconnaissance et la valorisation de leur douance. Dans certains environnements de travail, les qualités qui découlent de leur douance, comme la pensée créative ou la sensibilité émotionnelle, peuvent ne pas être pleinement appréciées ou comprises. Cela peut conduire à un manque de reconnaissance de leurs contributions uniques et à une sous-utilisation de leurs talents.

Ces défis spécifiques nécessitent une approche consciente et réfléchie de la part des leaders doués. En développant une compréhension de leurs propres besoins et défis, en apprenant à gérer leurs attentes et leur sensibilité émotionnelle, et en cherchant un soutien adapté, les leaders doués peuvent non seulement surmonter ces obstacles, mais aussi utiliser leurs talents uniques pour inspirer et guider efficacement leurs équipes.

3.2 Gestion de la Sensibilité Émotionnelle et du Stress Stratégies pour gérer l'intensité émotionnelle souvent associée à la douance.

La gestion de la sensibilité émotionnelle et du stress est particulièrement pertinente pour les personnes douées, dont l'intensité émotionnelle est souvent plus marquée que la moyenne. Cette sensibilité accrue, bien qu'elle puisse être une source de richesse émotionnelle et de compréhension profonde, peut également conduire à un stress et une anxiété accrus. Il est donc crucial pour les personnes douées de développer des stratégies efficaces pour gérer cette intensité émotionnelle.

Une stratégie essentielle est la pratique de la pleine conscience et de la méditation. Ces techniques aident à cultiver une présence et une conscience momentanée, permettant aux personnes douées de rester ancrées et centrées, même en présence d'émotions fortes. La méditation peut réduire le stress et l'anxiété en favorisant la relaxation et en aidant à détourner l'attention des pensées négatives ou obsessionnelles. La pleine conscience, en particulier, encourage une approche non jugementale des expériences émotionnelles, aidant les individus à les observer sans se laisser submerger.

Une autre approche importante est le développement de compétences en régulation émotionnelle. Cela implique d'apprendre à reconnaître et à comprendre ses propres émotions, ainsi que de développer des techniques pour les gérer de manière constructive. Par exemple, des techniques de respiration profonde, des activités de relaxation, ou des exercices physiques peuvent être utilisés pour aider à réguler les réponses émotionnelles. De plus, l'expression créative, comme l'art, l'écriture ou la musique, peut offrir un exutoire pour traiter et exprimer des émotions complexes.

La construction d'un réseau de soutien solide est également cruciale. Avoir des personnes de confiance avec qui partager des expériences et des émotions peut fournir un soutien essentiel. Ce réseau peut inclure des amis, des membres de la famille, des mentors, ou des professionnels de la santé mentale. Ces relations peuvent offrir une perspective extérieure, des conseils, et un espace sûr pour explorer des émotions et des défis.

En outre, il est important pour les personnes douées de reconnaître et d'accepter leurs limites émotionnelles. Cela peut impliquer de prendre du temps pour soi, de pratiquer l'autogestion, et de prioriser des activités qui favorisent le bien-être et la détente. Apprendre à dire non à des engagements excessifs et à reconnaître les signes de surmenage sont des compétences essentielles pour maintenir un équilibre émotionnel.

Enfin, la recherche d'opportunités d'apprentissage et de croissance personnelle peut aider à gérer le stress et à renforcer la résilience. Participer à des ateliers, des séminaires, ou des groupes de discussion qui se concentrent sur le développement personnel, la gestion du stress, ou la douance peut offrir de nouvelles perspectives et des outils pour mieux gérer les défis émotionnels.

En intégrant ces différentes approches, les personnes douées peuvent travailler vers une meilleure gestion de leur sensibilité émotionnelle et de leur stress. En développant des stratégies de pleine conscience, de régulation émotionnelle, en construisant un réseau de soutien, en reconnaissant leurs limites, et en poursuivant la croissance personnelle, elles peuvent non seulement gérer leurs émotions de manière plus efficace, mais aussi utiliser leur sensibilité comme une force pour enrichir leur vie et celle des autres.

3.3 Surmonter l'Isolation et la Mésentente Techniques pour faire face à l'isolement et à la mésentente dans les environnements professionnels et sociaux.

La gestion de l'isolement et de la mésentente est un défi particulièrement pertinent pour les personnes douées, qui peuvent souvent se sentir déphasées dans leurs environnements professionnels et sociaux. Cette sensation d'isolement peut découler de différences dans la manière de penser, de communiquer ou d'interagir avec les autres. De même, la mésentente peut survenir en raison de divergences d'opinions ou de perspectives. Pour les personnes douées, développer des techniques pour naviguer dans ces situations est crucial pour leur bien-être et leur succès.

L'une des stratégies clés pour surmonter l'isolement est de rechercher et de cultiver des relations avec des individus partageant les mêmes idées. Cela peut impliquer de rejoindre des groupes ou des communautés, tant en ligne qu'en personne, qui partagent des intérêts ou des expériences similaires. Ces communautés peuvent offrir un sentiment d'appartenance et de compréhension mutuelle. Participer à des conférences, des ateliers ou des événements liés à leurs domaines d'intérêt peut également aider les personnes douées à se connecter avec des individus qui apprécient et comprennent leur niveau de passion et d'engagement.

Une autre technique importante est le développement de compétences en communication efficace. Les personnes douées doivent souvent apprendre à adapter leur style de communication pour être mieux comprises par un public plus large. Cela peut inclure l'utilisation de langage clair et accessible, l'évitement de jargon technique, et la pratique de l'écoute active pour mieux comprendre les perspectives des autres. Une communication efficace peut aider à réduire les malentendus et à établir des ponts entre différentes manières de penser.

La gestion de la sensibilité émotionnelle est également cruciale. Les personnes douées, en raison de leur sensibilité accrue, peuvent être particulièrement affectées par l'isolement ou la mésentente. Apprendre à gérer leurs propres émotions et à répondre de manière constructive aux situations difficiles est essentiel. Cela peut impliquer des techniques de gestion du stress, comme la méditation ou la respiration profonde, ainsi que la recherche de soutien auprès de conseillers ou de thérapeutes.

En outre, il est important pour les personnes douées de reconnaître et de valoriser leurs propres qualités uniques. Plutôt que de voir leur différence comme un obstacle, elles peuvent l'embrasser comme une source de force et d'originalité. Cela implique de développer la confiance en soi et de se concentrer sur leurs contributions positives, plutôt que de se concentrer excessivement sur le besoin d'approbation ou d'acceptation des autres.

Enfin, l'engagement dans des activités de développement personnel peut aider à surmonter l'isolement et la mésentente. Participer à des activités qui favorisent la croissance personnelle, comme le volontariat, les loisirs créatifs ou le sport, peut non seulement offrir des opportunités de connexion avec les autres, mais aussi renforcer l'estime de soi et le bien-être général.

En adoptant ces stratégies, les personnes douées peuvent mieux gérer l'isolement et la mésentente dans leurs environnements professionnels et sociaux. En se connectant avec des individus partageant les mêmes idées, en développant des compétences en communication, en gérant leur sensibilité émotionnelle, en valorisant leurs qualités uniques et en s'engageant dans le développement personnel, elles peuvent non seulement trouver leur place, mais aussi enrichir leurs interactions avec les autres.

3.4 Douance, Perfectionnisme et Procrastination Comprendre et gérer le perfectionnisme et la procrastination, fréquents chez les personnes douées.

Le perfectionnisme et la procrastination sont des défis couramment rencontrés par les personnes douées, et leur gestion est cruciale pour leur bien-être et leur efficacité, tant dans la vie personnelle que professionnelle. Ces deux traits, bien qu'apparemment opposés, sont souvent liés et peuvent avoir un impact significatif sur la manière dont les personnes douées abordent leurs tâches et responsabilités.

Le perfectionnisme chez les personnes douées découle généralement de leurs normes élevées et de leur désir intense de réaliser des travaux de qualité exceptionnelle. Bien que cette aspiration à l'excellence puisse conduire à des réalisations remarquables, elle peut aussi être source de stress important et d'insatisfaction. Le perfectionnisme peut conduire à une peur de l'échec ou de la critique, ce qui peut paralyser l'action et entraver la progression. Les personnes douées peuvent se retrouver à consacrer une quantité excessive de temps et d'énergie à peaufiner des détails, souvent au détriment de l'achèvement global du projet.

La procrastination, d'autre part, peut être une conséquence du perfectionnisme. Face à la pression de répondre à des normes élevées, les personnes douées peuvent retarder le début ou la finalisation des tâches par peur de ne pas être à la hauteur de leurs propres attentes. Cette tendance à remettre à plus tard peut également être exacerbée par une sous-estimation de la durée nécessaire pour accomplir une tâche à un niveau de perfection élevé. En conséquence, les personnes douées peuvent se retrouver dans un cycle de retard et de stress accru.

Pour gérer le perfectionnisme, il est important pour les personnes douées d'apprendre à fixer des objectifs réalistes et à accepter que la perfection absolue est souvent inatteignable. Cela peut impliquer de travailler sur l'auto-compassion, de reconnaître que l'échec fait partie intégrante de l'apprentissage et du développement, et de valoriser le processus autant que le résultat. La pratique de la fixation de limites, comme allouer un temps spécifique à une tâche et s'y tenir, peut également aider à éviter de se perdre dans les détails.

Pour surmonter la procrastination, les personnes douées peuvent bénéficier de techniques de gestion du temps, comme la méthode Pomodoro ou la technique du "petit pas". Ces méthodes encouragent à commencer par de petites tâches gérables, ce qui peut aider à surmonter l'inertie initiale et à créer un élan. De plus, la compréhension des raisons sous-jacentes de la procrastination, qu'il s'agisse de peur de l'échec, de manque de motivation ou de difficultés à prioriser, est essentielle pour développer des stratégies efficaces pour y faire face.

Le perfectionnisme et la procrastination chez les personnes douées sont des défis interconnectés qui nécessitent une approche réfléchie et proactive. En apprenant à fixer des objectifs réalistes, à pratiquer l'auto-compassion, à utiliser des techniques de gestion du temps et à comprendre les causes profondes de leur comportement, les personnes douées peuvent gérer ces traits de manière à soutenir leur succès et leur épanouissement.

3.5 Transformer les Défis en Opportunités de Croissance Approches pour convertir les défis en opportunités de développement personnel et professionnel.

Transformer les défis en opportunités de

croissance est une compétence essentielle, particulièrement pour les personnes douées qui peuvent se trouver confrontées à des obstacles uniques en raison de leur douance. Cette transformation nécessite une perspective qui reconnaît la valeur de l'apprentissage et du développement à travers les défis, plutôt que de les voir uniquement comme des obstacles.

Une approche clé pour convertir les défis en opportunités est l'adoption d'une mentalité de croissance. Les personnes douées, souvent habituées à exceller sans effort, peuvent trouver particulièrement frustrant de faire face à des difficultés. En adoptant une mentalité de croissance, elles peuvent commencer à voir les défis comme des occasions d'apprendre et de se développer, plutôt que comme des menaces à leur compétence ou à leur identité. Cette perspective encourage l'exploration, l'expérimentation et la persévérance, même en présence d'échecs ou de difficultés.

La réflexion et l'analyse sont également des outils puissants pour transformer les défis en opportunités. Lorsque confrontées à des obstacles, les personnes douées peuvent bénéficier de prendre du recul pour analyser la situation de manière objective. Cela implique d'examiner les causes sous-jacentes du défi, d'évaluer les différentes options de réponse, et de planifier des stratégies pour surmonter l'obstacle. Cette approche réfléchie peut non seulement aider à résoudre le problème actuel, mais aussi à acquérir des compétences et des connaissances précieuses pour l'avenir.

La recherche de feedback et de mentorat est une autre stratégie efficace. Les défis peuvent souvent être mieux gérés avec le soutien et les conseils de mentors ou de collègues. Les personnes douées peuvent tirer parti de leurs réseaux pour obtenir des perspectives différentes, des conseils pratiques, et des encouragements. Le feedback, qu'il soit positif ou constructif, est essentiel pour l'apprentissage et l'amélioration continue.

De plus, il est important pour les personnes douées de reconnaître et de célébrer les petites victoires et les progrès réalisés en cours de route. Cela peut aider à maintenir la motivation et à renforcer la confiance en soi. Reconnaître que chaque étape, même petite, est un pas vers la maîtrise et la croissance personnelle peut transformer l'expérience du défi en une aventure gratifiante.

Enfin, l'engagement dans l'apprentissage continu est fondamental pour transformer les défis en opportunités. Les personnes douées, avec leur soif naturelle de connaissance, peuvent utiliser les défis comme des catalyseurs pour approfondir leur compréhension dans un domaine ou pour explorer de nouveaux domaines d'intérêt. Que ce soit à travers des cours formels, de la lecture, ou des expériences pratiques, l'apprentissage continu est un moyen puissant de convertir les défis en tremplins pour le développement personnel et professionnel.

Transformer les défis en opportunités de croissance est une démarche qui implique une mentalité de croissance, la réflexion et l'analyse, la recherche de feedback et de mentorat, la célébration des progrès, et l'engagement dans l'apprentissage continu. Pour les personnes douées, adopter ces approches peut non seulement les aider à surmonter les obstacles spécifiques liés à leur douance, mais aussi à tirer un bénéfice durable de ces expériences pour leur développement personnel et professionnel.

3.6 Leadership et Résilience Développer la résilience face aux défis uniques du leadership doué.

Le développement de la résilience est un aspect crucial pour les leaders doués, qui sont souvent confrontés à des défis uniques en raison de leur intelligence et de leur sensibilité émotionnelle accrues. La résilience, dans ce contexte, ne se résume pas simplement à la capacité de rebondir après des échecs ou des revers, mais englobe également la capacité à s'adapter, à apprendre et à croître face aux défis inhérents au leadership.

Pour les leaders doués, l'un des premiers pas

vers le développement de la résilience est l'acceptation de l'imperfection. En raison de leur tendance au perfectionnisme, ils peuvent avoir des attentes irréalistes envers eux-mêmes et leurs équipes. Apprendre à accepter que l'erreur est une partie naturelle du processus de croissance et de leadership est essentiel. Cette acceptation aide à atténuer la pression de la perfection et ouvre la voie à une approche plus flexible et adaptable face aux défis.

La gestion de la sensibilité émotionnelle est également un élément clé de la résilience pour les leaders doués. Leur profondeur émotionnelle, bien qu'elle soit une source de compassion et d'empathie, peut aussi les rendre vulnérables au stress et à l'épuisement émotionnel. Développer des stratégies pour gérer efficacement les émotions, telles que la méditation, la pleine conscience, ou le soutien professionnel, est crucial pour maintenir un équilibre émotionnel et une perspective claire face aux défis.

Un autre aspect important de la résilience est la capacité à chercher et à utiliser le soutien. Les leaders doués peuvent parfois se sentir isolés en raison de leur manière de penser unique. Trouver des mentors, des collègues ou des groupes de soutien qui comprennent et apprécient leurs défis et leurs talents peut fournir une aide précieuse. Ces réseaux de soutien offrent non seulement des conseils et des perspectives, mais aussi un sentiment de communauté et d'appartenance.

La résilience implique également une perspective à long terme. Les leaders doués doivent cultiver la capacité de voir au-delà des défis immédiats et de se concentrer sur des objectifs à long terme. Cela implique de reconnaître que les échecs et les revers sont souvent des étapes temporaires sur le chemin du succès. Garder une vision à long terme aide à maintenir la motivation et l'engagement, même face à des obstacles apparemment insurmontables.

Enfin, la résilience pour les leaders doués est renforcée par un engagement continu envers l'apprentissage personnel et professionnel. Cela signifie voir chaque défi comme une opportunité d'apprendre et de grandir. Que ce soit à travers des formations formelles, des lectures, ou des expériences pratiques, l'engagement envers l'apprentissage continu est un puissant moteur de résilience.

Développer la résilience dans le contexte du leadership doué implique l'acceptation de l'imperfection, la gestion de la sensibilité émotionnelle, la recherche de soutien, une perspective à long terme, et un engagement envers l'apprentissage continu. En adoptant ces stratégies, les leaders doués peuvent non seulement naviguer plus efficacement à travers les défis uniques du leadership, mais aussi transformer ces expériences en opportunités de croissance et de développement personnel et professionnel.

3.7 Opportunités d'Innovation et de Créativité Exploration des opportunités d'innovation et de créativité offertes par la douance.

La douance ouvre un vaste champ d'opportunités en matière d'innovation et de créativité, offrant aux personnes douées des perspectives uniques pour explorer et transformer leur environnement. Cette capacité innée à penser différemment, à établir des connexions inhabituelles et à percevoir au-delà des apparences est un terreau fertile pour l'innovation et la créativité dans divers domaines.

L'une des principales opportunités offertes par la douance est la capacité à aborder les problèmes sous des angles novateurs. Les personnes douées ont souvent une manière de penser qui défie les conventions, leur permettant de voir des solutions là où d'autres ne voient que des obstacles. Cette pensée divergente est cruciale dans des domaines tels que la recherche scientifique, le développement technologique, et le design, où l'innovation est la clé du progrès et du succès. En exploitant leur capacité à penser de manière non linéaire et créative, les personnes douées peuvent proposer des idées révolutionnaires et des solutions avant-gardistes.

En outre, la douance est souvent accompagnée d'une curiosité insatiable et d'un désir d'apprendre, ce qui conduit à une exploration continue et à un élargissement des connaissances. Cette soif de savoir pousse les personnes douées à se plonger dans des domaines variés, enrichissant ainsi leur compréhension et leur perspective. Cette approche interdisciplinaire est extrêmement bénéfique pour l'innovation, car elle permet de combiner des idées et des concepts de différents domaines pour créer quelque chose de totalement nouveau et original.

La sensibilité émotionnelle et la profondeur de pensée associées à la douance peuvent également être des atouts pour l'innovation et la créativité. Ces traits permettent une compréhension plus profonde des besoins humains et des dynamiques sociales, ce qui est essentiel pour concevoir des produits, des services ou des solutions qui résonnent véritablement avec les gens. Dans des domaines tels que le marketing, le design d'expérience utilisateur ou le développement de produits, cette compréhension empathique peut conduire à des innovations qui répondent de manière plus efficace et plus significative aux besoins des utilisateurs.

Cependant, pour que l'innovation et la créativité prospèrent, les personnes douées doivent également apprendre à gérer les défis associés à leur douance, tels que le perfectionnisme ou la peur de l'échec. Développer une tolérance au risque, accepter l'échec comme une partie du processus créatif, et apprendre à collaborer avec d'autres qui peuvent apporter des compétences et des perspectives complémentaires sont des étapes clés pour réaliser pleinement leur potentiel innovant.

La douance offre des opportunités exceptionnelles pour l'innovation et la créativité. En exploitant leur pensée unique, leur curiosité insatiable, leur sensibilité émotionnelle, et en surmontant les défis inhérents à leur douance, les personnes douées peuvent non seulement apporter des contributions significatives dans leurs domaines respectifs, mais aussi inspirer et influencer le monde de manière profonde et durable.

3.8 Réseautage et Collaboration

Importance du réseautage et de la collaboration pour les leaders doués.

Le réseautage et la collaboration sont des

aspects cruciaux pour les leaders doués, jouant un rôle significatif dans leur développement personnel et professionnel. Ces interactions ne sont pas seulement des moyens d'établir des contacts professionnels, mais aussi des occasions d'apprentissage, de partage d'idées et de développement de projets innovants.

Pour les leaders doués, le réseautage offre une plateforme pour se connecter avec des individus partageant les mêmes idées, des mentors, des collègues et des professionnels de divers domaines. Ces connexions peuvent être particulièrement bénéfiques, car elles offrent des perspectives et des connaissances qui peuvent ne pas être accessibles dans leur environnement immédiat. Le réseautage permet aux leaders doués de découvrir de nouvelles opportunités, d'élargir leur compréhension de différents domaines et d'explorer des collaborations potentielles. Les conférences, les ateliers, les groupes professionnels et les plateformes en ligne sont d'excellents moyens de tisser ces liens importants.

La collaboration, quant à elle, est essentielle pour les leaders doués car elle leur permet de mettre en pratique leurs idées et de les enrichir grâce aux contributions d'autres personnes. Travailler en équipe ou en partenariat avec d'autres peut aider à surmonter certains des défis associés à la douance, tels que le perfectionnisme ou l'isolement. La collaboration encourage le partage de différentes perspectives et compétences, ce qui peut conduire à des solutions plus complètes et innovantes. Elle permet également aux leaders doués de développer des compétences interpersonnelles essentielles, comme la communication, la négociation et la gestion de conflits.

Cependant, le réseautage et la collaboration peuvent parfois représenter des défis pour les personnes douées, en particulier si elles se sentent déphasées ou incomprises. Dans de tels cas, il est important de rechercher des environnements et des groupes où leurs talents et leurs perspectives sont valorisés. Participer à des réseaux spécialisés ou à des groupes axés sur des domaines d'intérêt spécifiques peut être plus gratifiant et productif.

De plus, les leaders doués doivent être conscients de l'importance de la réciprocité dans le réseautage et la collaboration. Il ne s'agit pas seulement de ce qu'ils peuvent apprendre ou gagner des autres, mais aussi de ce qu'ils peuvent offrir. Partager leurs connaissances, leur expertise et leur soutien contribue à construire des relations solides et mutuellement bénéfiques.

Le réseautage et la collaboration sont des éléments essentiels pour le développement et le succès des leaders doués. En établissant des connexions significatives et en s'engageant dans des collaborations productives, ils peuvent non seulement enrichir leur propre expérience, mais aussi contribuer de manière significative à leurs domaines respectifs. Ces interactions offrent des opportunités d'apprentissage, d'innovation et de croissance personnelle et professionnelle.

3.9 Douance et Impact Social Comment les leaders doués peuvent utiliser leurs compétences uniques pour un impact social positif.

La douance, lorsqu'elle est canalisée de manière efficace, offre aux leaders un potentiel considérable pour générer un impact social positif. Les personnes douées, grâce à leurs capacités intellectuelles et émotionnelles exceptionnelles, sont souvent bien placées pour comprendre et répondre aux problèmes sociaux complexes. Leur contribution peut prendre de nombreuses formes, allant de l'innovation dans les politiques publiques à l'engagement dans des initiatives communautaires ou environnementales.

L'une des façons dont les leaders doués peuvent exercer un impact social positif est à travers l'innovation et la résolution de problèmes. Avec leur capacité à penser de manière analytique et créative, ils peuvent aborder les problèmes sociaux sous des angles nouveaux et proposer des solutions novatrices. Que ce soit dans le domaine de l'éducation, de la santé, de l'environnement ou de la justice sociale, les leaders doués ont la capacité de conceptualiser des approches qui vont au-delà des solutions conventionnelles, offrant ainsi de nouvelles perspectives pour résoudre des problèmes anciens et persistants.

En outre, la sensibilité émotionnelle et l'empathie des personnes douées sont des atouts précieux dans le domaine de l'impact social. Ces traits leur permettent de comprendre profondément les besoins et les expériences des autres, en particulier ceux qui sont marginalisés ou défavorisés. Cette compréhension peut inspirer et motiver les leaders doués à s'engager activement dans des causes sociales, à plaider pour des changements de politique, ou à participer à des initiatives de développement communautaire.

Les leaders doués peuvent également utiliser leur influence pour sensibiliser à des questions sociales importantes. Grâce à leur communication et leur réseautage, ils peuvent attirer l'attention sur des problèmes négligés, mobiliser des ressources et soutenir des campagnes de sensibilisation. Leur capacité à articuler des idées complexes de manière accessible peut aider à éduquer et à informer le public, en favorisant une prise de conscience et une action collective.

Cependant, pour que leur impact soit durable et significatif, les leaders doués doivent également être conscients des défis associés à leur douance. Cela inclut la gestion de leurs attentes élevées, la canalisation de leur perfectionnisme de manière productive, et la prise en compte des perspectives et des contributions diverses. En outre, ils doivent veiller à maintenir un équilibre entre leur engagement envers les causes sociales et leur propre bien-être, évitant ainsi l'épuisement et le surmenage.

Les leaders doués ont un potentiel immense pour créer un impact social positif. En utilisant leurs compétences uniques pour l'innovation, en faisant preuve d'empathie et de sensibilité aux besoins des autres, et en utilisant leur influence pour sensibiliser, ils peuvent contribuer de manière significative à la construction d'une société plus juste, équitable et durable. Toutefois, pour réaliser pleinement ce potentiel, ils doivent également gérer les aspects complexes de leur douance et maintenir un équilibre sain dans leur engagement social.

3.10 Planification de Carrière et Développement Personnel Conseils pour la

planification de carrière et le développement personnel adaptés aux leaders doués

La planification de carrière et le développement personnel pour les leaders doués nécessitent une approche qui tient compte de leurs capacités uniques et de leurs aspirations. En raison de leur large éventail d'intérêts et de leur potentiel élevé, les personnes douées peuvent trouver difficile de choisir une trajectoire de carrière spécifique ou de se sentir satisfaites dans des rôles traditionnels. Pour naviguer efficacement dans leur parcours professionnel, il est essentiel qu'elles adoptent des stratégies adaptées à leurs besoins et à leurs objectifs.

Tout d'abord, l'auto-évaluation est une étape cruciale dans la planification de carrière pour les leaders doués. Cela implique une introspection profonde pour comprendre leurs passions, leurs forces, leurs valeurs et leurs objectifs à long terme. Les personnes douées doivent reconnaître non seulement leurs compétences intellectuelles, mais aussi leurs préférences en matière de style de travail, d'environnement professionnel et d'équilibre entre vie professionnelle et vie personnelle. Des outils tels que les tests de personnalité, les évaluations de compétences et les séances de coaching de carrière peuvent être utiles pour obtenir une image claire de ce qu'ils cherchent dans leur vie professionnelle.

Une fois qu'ils ont une compréhension de leurs objectifs et préférences, les leaders doués doivent explorer des options de carrière qui correspondent à leur profil unique. Cela peut impliquer de rechercher des rôles qui offrent une variété, des défis intellectuels et des opportunités de croissance continue. Les carrières qui permettent une certaine autonomie, la créativité et l'innovation sont souvent particulièrement satisfaisantes pour les personnes douées. Ils peuvent également envisager des rôles qui leur permettent d'avoir un impact social ou de contribuer à des causes qui leur tiennent à cœur.

Le développement de compétences complémentaires est également important pour les leaders doués. En plus de leurs compétences naturelles, ils doivent développer des compétences en gestion, en communication et en leadership pour maximiser leur potentiel. Participer à des formations, des ateliers ou des programmes de mentorat peut aider à acquérir ces compétences essentielles. De plus, l'apprentissage continu dans des domaines d'intérêt peut maintenir leur engagement et leur satisfaction professionnelle.

La gestion du réseau professionnel est un autre aspect crucial de la planification de carrière. Les leaders doués doivent activement construire et entretenir un réseau de contacts professionnels. Cela inclut non seulement des collègues et des mentors dans leur domaine, mais aussi des professionnels d'autres secteurs qui peuvent offrir de nouvelles perspectives et opportunités. Le réseautage peut ouvrir des portes à des collaborations, des projets passionnants et des avancées de carrière.

Enfin, il est important pour les leaders doués de maintenir un équilibre sain entre leur vie professionnelle et personnelle. En raison de leur tendance à s'immerger profondément dans leur travail, ils doivent veiller à ne pas négliger d'autres aspects de leur vie, tels que les loisirs, les relations et le bien-être personnel. La mise en place de limites claires et la prise de temps pour se ressourcer sont essentielles pour éviter l'épuisement et maintenir une performance optimale.

La planification de carrière et le développement personnel pour les leaders doués impliquent une auto-évaluation approfondie, l'exploration de carrières adaptées, le développement de compétences complémentaires, la gestion active du réseau professionnel et le maintien d'un équilibre entre vie professionnelle et personnelle. En adoptant ces stratégies, les personnes douées peuvent non seulement trouver un épanouissement dans leur carrière, mais aussi réaliser pleinement leur potentiel unique.

CHAPITRE 4 : DÉVELOPPER SES COMPÉTENCES DE LEADER

"Je n'ai jamais rencontré un homme si ignorant que je ne pouvais rien apprendre de lui."

Galileo Galilei

4.1 Auto-évaluation et Connaissance de Soi Importance de l'auto-évaluation pour comprendre ses propres forces et faiblesses en tant que leader.

Commençons par souligner l'importance cruciale de l'auto-évaluation et de la connaissance de soi dans le développement du leadership. Pour les leaders, et particulièrement pour ceux qui sont doués, comprendre leurs propres forces, faiblesses, motivations et comportements est essentiel pour guider efficacement les autres et pour leur propre croissance personnelle.

L'auto-évaluation permet aux leaders de prendre conscience de leurs compétences uniques et de leurs domaines d'amélioration. Cette prise de conscience est la première étape pour exploiter pleinement leur potentiel de leadership. Les leaders doués, en particulier, peuvent avoir un large éventail de compétences et d'intérêts, ce qui rend l'auto-évaluation encore plus cruciale pour identifier les domaines où ils peuvent exceller et ceux où ils pourraient avoir besoin de développement ou de soutien.

En outre, la connaissance de soi aide les leaders à comprendre leur style de leadership et comment il affecte les autres. Les leaders doués peuvent avoir des styles de communication et de prise de décision uniques qui influencent leur interaction avec leur équipe. En comprenant leur propre style, ils peuvent mieux s'adapter aux besoins de leurs collaborateurs et améliorer l'efficacité de leur leadership.

L'auto-évaluation et la connaissance de soi impliquent également de reconnaître ses propres valeurs et croyances. Les leaders doivent être conscients de la manière dont leurs valeurs influencent leurs décisions et actions. Pour les leaders doués, cela peut signifier aligner leur travail et leurs objectifs avec ce qu'ils estiment être important, ce qui peut augmenter leur motivation et leur satisfaction dans leur rôle.

Pour entreprendre une auto-évaluation efficace, les leaders peuvent utiliser divers outils et méthodes, tels que les tests de personnalité, les journaux de réflexion, les feedbacks 360 degrés, ou le coaching professionnel. Ces outils peuvent fournir des insights précieux sur leurs traits de personnalité, leurs compétences, et leur manière d'interagir avec les autres.

Enfin, l'auto-évaluation est un processus continu. Les leaders doivent régulièrement réfléchir à leur développement et s'adapter aux nouvelles situations et défis. Pour les leaders doués, cela signifie embrasser un parcours d'apprentissage continu, rester ouverts au changement et être prêts à évoluer en tant que leaders.

L'auto-évaluation et la connaissance de soi sont des éléments fondamentaux du développement des compétences de leader. Pour les leaders doués, ces processus offrent une opportunité de comprendre et d'utiliser leurs talents uniques, d'aligner leur leadership avec leurs valeurs, et de s'adapter de manière flexible aux besoins changeants de leur environnement professionnel.

4.2 Développer la Vision et la Stratégie Techniques pour affiner la capacité à établir une vision claire et à planifier stratégiquement.

Le développement d'une vision claire et d'une stratégie efficace est essentiel pour tout leader, et pour les leaders doués, cette compétence revêt une importance particulière. Leur capacité à penser de manière analytique et créative peut être un atout majeur dans la formulation d'une vision inspirante et la planification stratégique pour sa réalisation.

Pour affiner leur capacité à établir une vision, les leaders doués doivent d'abord se concentrer sur la compréhension profonde de leur environnement, y compris les tendances actuelles, les défis futurs et les opportunités potentielles. Cela implique une recherche continue et une veille stratégique pour rester à jour avec les évolutions dans leur domaine. En s'immergeant dans les données, les recherches et les observations, ils peuvent commencer à identifier des modèles et des possibilités qui ne sont pas immédiatement évidents pour les autres.

Une fois qu'ils ont une compréhension approfondie de l'environnement, les leaders doués doivent utiliser leur créativité et leur imagination pour envisager un avenir désirable. Cela implique de penser au-delà des limites actuelles et de se demander "Et si ?". La vision doit être à la fois ambitieuse et réalisable, capturant une image du futur qui inspire et motive. Pour cela, ils peuvent utiliser des techniques telles que le brainstorming, la visualisation ou le scénario pour explorer différentes possibilités et façonner une vision cohérente.

En ce qui concerne la planification stratégique, les leaders doués doivent traduire leur vision en objectifs et actions concrets. Cela nécessite une capacité à décomposer la vision en étapes réalisables, à identifier les ressources nécessaires et à anticiper les obstacles potentiels. Ils doivent également être flexibles et prêts à ajuster leur stratégie en réponse aux changements de circonstances ou aux nouvelles informations.

La communication de la vision et de la stratégie est également un aspect crucial. Les leaders doués doivent être capables d'articuler leur vision de manière claire et convaincante, en s'assurant qu'elle est comprise et partagée par leur équipe et leurs parties prenantes. Cela implique d'utiliser des compétences de communication efficaces pour transmettre la passion et l'importance de la vision, et pour engager les autres dans la réalisation des objectifs communs.

Enfin, les leaders doués doivent pratiquer la réflexion stratégique, un processus continu d'évaluation et d'ajustement. Cela signifie rester ouvert aux feedbacks, surveiller les progrès vers les objectifs et être prêt à apporter des modifications si nécessaire. La réflexion stratégique permet de s'assurer que la vision reste pertinente et que la stratégie est efficace dans un environnement en constante évolution.

Pour les leaders doués, développer une vision claire et une stratégie efficace implique une compréhension approfondie de l'environnement, l'utilisation de la créativité pour envisager un avenir désirable, la planification stratégique pour réaliser cette vision, une communication efficace pour partager la vision, et une réflexion stratégique continue pour maintenir l'alignement et l'efficacité. En adoptant ces techniques, les leaders doués peuvent non seulement inspirer et motiver leurs équipes, mais aussi conduire des changements significatifs et durables dans leurs organisations et au-delà.

4.3 Communication Efficace
Améliorer les compétences en communication pour influencer

et inspirer efficacement.

Améliorer les compétences en communication est essentiel pour les leaders doués, car une communication efficace est au cœur de l'influence et de l'inspiration. Les leaders doivent être capables de transmettre leurs idées, de motiver leurs équipes et de naviguer dans des interactions complexes, tout en tenant compte de leur propre style de communication et de celui de leurs interlocuteurs.

Pour les leaders doués, l'un des premiers défis en matière de communication est souvent de simplifier et de clarifier leur message. En raison de leur capacité à traiter rapidement des informations complexes, ils peuvent avoir tendance à communiquer de manière trop dense ou technique, ce qui peut être difficile à suivre pour les autres. Apprendre à distiller l'essence de leurs idées en messages clairs et concis est crucial. Cela peut impliquer de pratiquer la communication de leurs idées de manière succincte, d'utiliser des analogies pour expliquer des concepts complexes, ou de créer des présentations visuelles pour accompagner leur discours.

Une autre compétence importante est l'écoute active. Les leaders doués doivent cultiver la capacité d'écouter vraiment ce que les autres disent, sans préjuger ou planifier leur réponse pendant que l'autre personne parle. L'écoute active implique de donner toute son attention à l'interlocuteur, de reconnaître ses sentiments et points de vue, et de répondre de manière appropriée. Cette compétence est essentielle pour comprendre les besoins et les perspectives des membres de l'équipe, et pour construire des relations de confiance.

La communication empathique est également cruciale. Les leaders doués, souvent dotés d'une sensibilité émotionnelle accrue, peuvent utiliser cette qualité pour se connecter avec les autres à un niveau plus profond. Cela signifie non seulement écouter les mots, mais aussi percevoir les émotions et les sous-entendus derrière eux. La communication empathique peut aider à résoudre les conflits, à motiver les membres de l'équipe et à créer un environnement de travail plus harmonieux et collaboratif.

En outre, les leaders doués doivent être capables de s'adapter à différents styles de communication. Chaque membre de l'équipe peut avoir sa propre manière de communiquer et de recevoir des informations. Un leader efficace reconnaît ces différences et ajuste son style de communication en conséquence, que ce soit en étant plus direct ou plus nuancé, en fonction de la situation et de la personne avec laquelle il communique.

Enfin, la pratique régulière et la réflexion sur la communication sont essentielles. Les leaders doués peuvent bénéficier de solliciter des retours sur leur manière de communiquer, de participer à des formations en communication, et de se mettre régulièrement en situation de communication, que ce soit dans des réunions, des présentations ou des conversations informelles.

Pour les leaders doués, développer une communication efficace implique de clarifier leur message, de pratiquer l'écoute active, de communiquer avec empathie, de s'adapter à différents styles de communication, et de s'engager dans une pratique et une réflexion continues. En maîtrisant ces compétences, ils peuvent non seulement influencer et inspirer efficacement, mais aussi renforcer les relations au sein de leurs équipes et améliorer la cohésion et la productivité globales.

4.4 Gestion d'Équipe et Développement des Talents Stratégies pour gérer une équipe de manière efficace et développer les talents des autres.

La gestion d'équipe et le développement des talents sont des compétences essentielles pour les leaders doués, leur permettant de maximiser l'efficacité de leur équipe tout en favorisant la croissance individuelle de ses membres. Pour les leaders doués, qui peuvent avoir des attentes élevées et une approche unique du travail, apprendre à gérer une équipe de manière inclusive et motivante est crucial.

Une stratégie clé dans la gestion d'équipe est la reconnaissance et la valorisation des talents individuels. Chaque membre de l'équipe apporte un ensemble unique de compétences et de perspectives. Les leaders doués doivent être capables d'identifier ces talents et de les utiliser de manière optimale. Cela implique de déléguer des tâches en fonction des forces de chaque individu, de proposer des opportunités de développement adaptées et de reconnaître les contributions de chacun. En valorisant les talents individuels, les leaders non seulement renforcent la confiance et la motivation de leur équipe, mais favorisent également un environnement de travail où la diversité est vue comme une force.

La communication ouverte et transparente est également essentielle dans la gestion d'équipe. Les leaders doués doivent s'assurer que les objectifs, les attentes et les feedbacks sont clairement communiqués. Cela inclut l'établissement d'objectifs clairs, la fourniture de retours constructifs et l'encouragement d'un dialogue bidirectionnel. Une communication efficace aide à prévenir les malentendus, à aligner l'équipe sur des objectifs communs et à créer une culture de confiance et de respect mutuel.

Le développement des talents est un autre aspect important. Les leaders doués doivent non seulement gérer les performances actuelles de leur équipe, mais aussi investir dans leur développement à long terme. Cela peut impliquer de fournir des formations, des opportunités de mentorat, ou des projets stimulants qui permettent aux membres de l'équipe de développer de nouvelles compétences et de relever de nouveaux défis. Encourager l'apprentissage continu et la croissance personnelle non seulement bénéficie à l'individu, mais renforce également la capacité globale de l'équipe.

La gestion des conflits est également une compétence cruciale pour les leaders doués. Avec des personnalités et des opinions diverses au sein d'une équipe, des conflits peuvent inévitablement survenir. Les leaders doivent être capables de gérer ces situations de manière constructive, en favorisant un environnement où les différences sont discutées ouvertement et respectueusement. Cela implique d'écouter activement toutes les parties, de rechercher des solutions gagnant-gagnant et de maintenir l'équilibre et l'harmonie au sein de l'équipe.

Enfin, les leaders doués doivent pratiquer

l'autoréflexion et l'auto-amélioration dans leur rôle de gestionnaire d'équipe. Cela signifie être ouvert aux feedbacks, reconnaître ses propres faiblesses en tant que leader et s'engager dans un développement personnel continu. En étant conscients de leur propre style de leadership et en cherchant constamment à s'améliorer, ils peuvent devenir des modèles plus efficaces et inspirants pour leur équipe.

Pour les leaders doués, la gestion d'équipe et le développement des talents impliquent de valoriser les compétences individuelles, de communiquer de manière ouverte et transparente, de développer les talents, de gérer les conflits de manière constructive et de pratiquer l'autoréflexion. En adoptant ces stratégies, ils peuvent non seulement améliorer la performance et la cohésion de leur équipe, mais aussi encourager la croissance et l'épanouissement de chaque membre.

4.5 Prise de Décision et Résolution de Problèmes Approches pour améliorer la prise de décision et la résolution de problèmes complexes.

La prise de décision et la résolution de problèmes sont des compétences essentielles pour les leaders, et pour ceux qui sont doués, ces compétences prennent une dimension supplémentaire en raison de leur capacité à percevoir et à analyser des informations complexes. Pour améliorer ces compétences, les leaders doués doivent adopter des approches qui tirent parti de leur intelligence tout en gérant les défis spécifiques liés à leur douance.

Une première étape pour améliorer la prise de décision est de développer une compréhension approfondie du problème. Cela implique de recueillir des informations pertinentes, d'analyser les données disponibles et de considérer les différentes perspectives. Les leaders doués, avec leur capacité à traiter rapidement des informations complexes, doivent veiller à ne pas sauter à des conclusions hâtives, mais plutôt à prendre le temps d'examiner toutes les facettes du problème. Cela peut impliquer de consulter des experts, de rechercher des études de cas similaires ou d'explorer des scénarios hypothétiques.

Une autre approche importante est de pratiquer la pensée critique et la pensée systémique. La pensée critique permet aux leaders de questionner les hypothèses, d'identifier les biais et de peser les preuves de manière objective. La pensée systémique, quant à elle, aide à comprendre comment les différentes parties d'un problème sont interconnectées. Pour les leaders doués, l'utilisation de ces méthodes de pensée peut conduire à des solutions plus innovantes et durables.

La prise de décision collaborative est également bénéfique. Bien que les leaders doués puissent être tentés de prendre des décisions de manière autonome, impliquer les membres de l'équipe dans le processus de prise de décision peut apporter des perspectives diverses et augmenter l'acceptation et l'engagement envers la solution choisie. Cela implique de créer un environnement où les idées sont librement partagées et où chaque membre de l'équipe se sent valorisé et écouté.

En outre, les leaders doués doivent être conscients de la paralysie par l'analyse, un piège courant pour ceux qui sont habitués à une analyse approfondie. Pour éviter de se perdre dans une suranalyse, il est important de fixer des délais clairs pour la prise de décision et de se rappeler que, dans de nombreux cas, une décision opportune est préférable à une décision parfaite.

Enfin, la réflexion post-décisionnelle est un élément clé du processus. Après avoir pris une décision, les leaders doués doivent évaluer les résultats et tirer des leçons des succès et des échecs. Cette réflexion aide non seulement à améliorer les compétences en prise de décision et en résolution de problèmes, mais aussi à développer une plus grande résilience et adaptabilité.

Pour améliorer la prise de décision et la résolution de problèmes, les leaders doués doivent développer une compréhension approfondie des problèmes, pratiquer la pensée critique et systémique, impliquer leur équipe dans le processus de décision, éviter la paralysie par l'analyse et pratiquer la réflexion post-décisionnelle. En adoptant ces approches, ils peuvent non seulement résoudre des problèmes complexes de manière efficace, mais aussi inspirer et mobiliser leur équipe vers des solutions innovantes et durables.

4.6 Leadership Émotionnellement Intelligent Développer l'intelligence émotionnelle pour mieux comprendre et gérer les émotions personnelles et celles des autres.

Le développement de l'intelligence émotionnelle est un aspect crucial du leadership, particulièrement pour les leaders doués qui peuvent posséder une sensibilité émotionnelle accrue. L'intelligence émotionnelle implique la capacité de comprendre et de gérer ses propres émotions, ainsi que celles des autres, ce qui est essentiel pour guider efficacement une équipe et maintenir un environnement de travail harmonieux.

Pour les leaders doués, le premier pas vers le développement de l'intelligence émotionnelle est souvent la prise de conscience de leurs propres émotions. Cela implique de reconnaître et d'accepter leurs sentiments, qu'ils soient positifs ou négatifs, et de comprendre comment ces émotions influencent leur comportement et leurs décisions. La pratique de la pleine conscience et de la méditation peut être utile pour développer cette conscience, en aidant les leaders à observer leurs émotions sans jugement et à rester centrés en période de stress.

Une fois qu'ils ont une meilleure compréhension de leurs propres émotions, les leaders doués doivent apprendre à les gérer efficacement. Cela peut impliquer de développer des stratégies pour réguler les émotions intenses, comme la respiration profonde, la prise de pauses réfléchies ou la recherche de feedbacks objectifs. La gestion des émotions est particulièrement importante dans des situations de conflit ou de pression, où les leaders doivent rester calmes et réfléchis pour prendre des décisions équilibrées.

En plus de gérer leurs propres émotions, les leaders doués doivent également développer la capacité de comprendre et de répondre aux émotions des autres. Cela implique de pratiquer l'écoute active, de montrer de l'empathie et de reconnaître les besoins émotionnels de leur équipe. En étant attentifs aux signaux non verbaux et aux sous-entendus, les leaders peuvent mieux comprendre les préoccupations et les motivations de leurs collaborateurs, ce qui est essentiel pour construire des relations de confiance et pour motiver efficacement.

La communication émotionnellement intelligente est un autre aspect important. Les leaders doués doivent apprendre à communiquer leurs idées et leurs feedbacks de manière qui respecte les émotions des autres. Cela implique d'utiliser un langage qui est à la fois clair et empathique, et de fournir des feedbacks constructifs qui encouragent plutôt que de décourager.

Enfin, les leaders doués doivent reconnaître l'importance de l'intelligence émotionnelle dans la culture d'équipe. En modélisant des comportements émotionnellement intelligents, comme la transparence, l'empathie et la gestion efficace des conflits, ils peuvent encourager un environnement de travail où les émotions sont gérées de manière saine et où les membres de l'équipe se sentent soutenus et valorisés.

Pour les leaders doués, développer l'intelligence émotionnelle implique de comprendre et de gérer leurs propres émotions, de répondre aux émotions des autres avec empathie, de communiquer de manière émotionnellement intelligente et de cultiver une culture d'équipe qui valorise l'intelligence émotionnelle. En maîtrisant ces compétences, ils peuvent non seulement améliorer leur efficacité en tant que leaders, mais aussi créer un environnement de travail plus positif et productif.

4.7 Innovation et Créativité dans le Leadership Encourager l'innovation et la créativité dans le processus de leadership.

L'encouragement de l'innovation et de la créativité est un aspect fondamental du leadership, particulièrement pour les leaders doués qui possèdent souvent une capacité naturelle à penser de manière originale et inventive. Pour ces leaders, cultiver un environnement où l'innovation et la créativité sont non seulement valorisées mais activement encouragées est essentiel pour stimuler la croissance et le progrès au sein de leurs équipes et organisations.

Pour favoriser l'innovation, les leaders doués doivent d'abord créer un climat de confiance et d'ouverture. Cela implique de construire un espace où les membres de l'équipe se sentent en sécurité pour partager leurs idées, même celles qui semblent non conventionnelles ou risquées. Un tel environnement encourage les membres de l'équipe à sortir de leur zone de confort et à explorer de nouvelles possibilités sans crainte de jugement ou de répercussions négatives. Les leaders peuvent encourager cette culture en étant réceptifs aux idées nouvelles, en reconnaissant et en récompensant la prise de risques créative et en partageant leurs propres expériences d'innovation.

En outre, les leaders doués doivent stimuler la créativité en proposant des défis stimulants et en fixant des objectifs ambitieux. Les défis peuvent inciter les membres de l'équipe à penser différemment et à chercher des solutions innovantes. En fixant des objectifs qui poussent les limites de ce qui est actuellement réalisé, les leaders peuvent motiver leur équipe à viser plus haut et à penser de manière plus créative.

La collaboration interdisciplinaire est également un moteur clé de l'innovation. Les leaders doués peuvent encourager leurs équipes à collaborer avec des personnes de différents départements, domaines d'expertise ou même d'autres organisations. Ces collaborations peuvent apporter de nouvelles perspectives et stimuler des idées qui ne seraient pas apparues dans un environnement homogène. En favorisant la diversité des pensées et des expériences, les leaders peuvent créer un terreau fertile pour l'innovation.

Les leaders doués doivent également être des modèles en matière d'innovation et de créativité.

En partageant leurs propres processus de pensée créative, en étant ouverts aux expérimentations et en montrant leur propre volonté de prendre des risques, ils peuvent inspirer leur équipe à adopter une approche similaire. Leur exemple peut montrer que l'innovation n'est pas seulement souhaitée, mais est une partie intégrante de la culture de l'équipe ou de l'organisation.

Enfin, il est important pour les leaders doués de fournir les ressources et le soutien nécessaires pour transformer les idées créatives en réalités concrètes. Cela peut impliquer d'allouer du temps, du budget ou d'autres ressources pour explorer et développer de nouvelles idées. En outre, fournir une formation et un accès à des outils ou des technologies innovantes peut aider les membres de l'équipe à concrétiser leurs idées créatives.

Pour les leaders doués, encourager l'innovation et la créativité implique de créer un environnement de confiance et d'ouverture, de stimuler la créativité par des défis, de favoriser la collaboration interdisciplinaire, d'être un modèle d'innovation et de fournir les ressources nécessaires pour transformer les idées en actions. En adoptant ces stratégies, les leaders doués peuvent non seulement propulser l'innovation au sein de leurs équipes, mais aussi contribuer à une culture organisationnelle où la créativité est une valeur fondamentale.

4.8 Gestion du Changement et Flexibilité Techniques pour gérer le changement et rester flexible face à l'évolution des circonstances.

La gestion du changement et la flexibilité sont des compétences essentielles pour les leaders, en particulier dans un environnement professionnel en constante évolution. Pour les leaders doués, qui peuvent avoir une capacité naturelle à anticiper et à s'adapter aux changements, développer des techniques pour gérer efficacement le changement est crucial pour guider leurs équipes à travers des périodes de transition et d'incertitude.

Une première étape dans la gestion du changement est de développer une compréhension claire des facteurs qui motivent le changement. Cela implique de rester informé des tendances du secteur, des avancées technologiques, des changements dans les préférences des consommateurs, ou des évolutions politiques et économiques. Pour les leaders doués, cela signifie utiliser leur curiosité intellectuelle et leur capacité d'analyse pour anticiper les impacts potentiels de ces changements et planifier en conséquence.

La communication est un élément clé dans la gestion du changement. Les leaders doivent être capables de communiquer clairement la nature du changement, les raisons pour lesquelles il est nécessaire, et comment il affectera l'équipe et l'organisation. Une communication transparente et honnête aide à minimiser l'incertitude et à construire la confiance. Pour les leaders doués, cela signifie également être capables d'articuler leur vision du futur et de motiver leur équipe à embrasser le changement.

La flexibilité est également cruciale dans la gestion du changement. Les leaders doivent être prêts à ajuster leurs plans et stratégies en réponse à de nouvelles informations ou à des circonstances changeantes. Pour les leaders doués, cela peut impliquer de remettre en question leurs propres idées et d'être ouverts à des approches alternatives. Encourager une culture d'adaptabilité et de flexibilité au sein de l'équipe peut également aider à naviguer plus facilement à travers les périodes de changement.

La gestion des réactions émotionnelles au changement est un autre aspect important. Le changement peut souvent susciter de l'anxiété ou de la résistance parmi les membres de l'équipe. Les leaders doués doivent être capables de reconnaître et de répondre à ces réactions émotionnelles, en offrant un soutien et en étant à l'écoute des préoccupations de leur équipe. Cela implique de pratiquer l'empathie et de fournir un espace où les membres de l'équipe peuvent exprimer leurs sentiments et leurs inquiétudes. Enfin, les leaders doués doivent encourager et soutenir l'innovation et la créativité dans le processus de gestion du changement. Cela signifie être ouvert aux idées nouvelles et non conventionnelles et encourager les membres de l'équipe à proposer des solutions créatives aux défis posés par le changement. En valorisant la contribution de chaque membre de l'équipe, les leaders peuvent exploiter une gamme plus large de perspectives et d'idées, ce qui peut conduire à des stratégies de changement plus efficaces et innovantes.

Pour les leaders doués, la gestion du changement et la flexibilité impliquent de comprendre les moteurs du changement, de communiquer efficacement, de rester flexible, de gérer les réactions émotionnelles et d'encourager l'innovation. En adoptant ces techniques, ils peuvent non seulement naviguer avec succès à travers les périodes de changement, mais aussi positionner leur équipe et leur organisation pour tirer parti des nouvelles opportunités qui se présentent.

4.9 Leadership Éthique et Responsable Importance de l'éthique et de la responsabilité

dans la pratique du leadership.

L'éthique et la responsabilité sont des piliers fondamentaux du leadership, et leur importance est d'autant plus accentuée pour les leaders doués, qui peuvent exercer une influence considérable sur leurs équipes, organisations et même au-delà. Un leadership éthique et responsable implique non seulement de prendre des décisions justes et moralement correctes, mais aussi de se comporter de manière à inspirer confiance et respect.

Pour les leaders doués, l'éthique dans le leadership commence par une introspection profonde sur leurs propres valeurs et principes. Ils doivent être clairs sur ce qu'ils considèrent comme juste et important, et comment ces valeurs guident leurs décisions et actions. Cette clarté est essentielle pour maintenir l'intégrité et la cohérence dans leur pratique du leadership. Elle aide également à établir un cadre moral sur lequel ils peuvent s'appuyer lorsqu'ils sont confrontés à des dilemmes éthiques ou à des décisions difficiles.

La responsabilité dans le leadership implique d'assumer la responsabilité des actions et des décisions, tant personnelles que celles de l'équipe ou de l'organisation. Pour les leaders doués, cela signifie non seulement célébrer les succès, mais aussi reconnaître et apprendre des erreurs ou des échecs. Un leader responsable est transparent dans ses actions et communique ouvertement sur les succès et les défis. Cette transparence favorise la confiance et montre un engagement envers l'honnêteté et la responsabilité.

En outre, les leaders doués doivent veiller à ce que leurs décisions et actions ne profitent pas seulement à un petit groupe, mais tiennent compte du bien-être de tous les intervenants, y compris les employés, les clients, la communauté et l'environnement. Cela implique de considérer les impacts à long terme de leurs décisions et de s'efforcer de trouver un équilibre entre les objectifs commerciaux et les considérations éthiques et sociales.

La promotion d'une culture éthique au sein de l'organisation est également un aspect crucial du leadership éthique et responsable. Les leaders doués doivent être des modèles de comportement éthique, démontrant par l'exemple l'importance de l'intégrité et de la responsabilité. Ils peuvent également encourager cette culture en mettant en place des politiques et des pratiques qui soutiennent l'éthique, comme des formations sur l'éthique, des lignes directrices claires sur la conduite professionnelle et des mécanismes pour signaler et traiter les comportements non éthiques.

Enfin, les leaders doués doivent être conscients de l'impact de leur leadership sur le développement personnel et professionnel de leurs équipes. Cela signifie non seulement diriger avec compétence et efficacité, mais aussi soutenir la croissance et le bien-être de leurs collaborateurs. En agissant de manière éthique et responsable, ils peuvent inspirer leurs équipes à adopter des comportements similaires, renforçant ainsi une culture organisationnelle fondée sur l'intégrité et le respect mutuel.

Pour les leaders doués, pratiquer un leadership éthique et responsable implique de rester fidèle à leurs valeurs, d'assumer la responsabilité de leurs actions, de considérer l'impact de leurs décisions sur tous les intervenants, de promouvoir une culture éthique et de soutenir le développement de leurs équipes. En adoptant ces principes, ils peuvent non seulement guider efficacement leurs organisations, mais aussi contribuer à un environnement professionnel et social plus juste et plus éthique.

4.10 Développement Continu et Apprentissage Perpétuel Stratégies pour un développement continu et l'importance de l'apprentissage perpétuel dans le leadership.

Le développement continu et l'apprentissage perpétuel sont des aspects cruciaux du leadership, particulièrement pour les leaders doués qui possèdent souvent une soif naturelle de connaissance et une capacité à apprendre rapidement. Dans un monde en constante évolution, où les défis et les technologies changent rapidement, l'engagement envers l'apprentissage continu est essentiel pour rester pertinent et efficace en tant que leader.

Pour les leaders doués, le développement continu signifie d'abord reconnaître que le leadership est un voyage et non une destination. Cela implique une volonté d'évoluer, de s'adapter et de grandir tout au long de leur carrière. Ils doivent être ouverts aux nouvelles idées, aux nouvelles méthodologies et aux perspectives changeantes, même si cela remet en question leurs connaissances ou compétences actuelles. Cette ouverture d'esprit est essentielle pour rester agile et innovant dans leur approche du leadership.

L'une des stratégies clés pour le développement continu est de rechercher activement des opportunités d'apprentissage. Cela peut inclure la participation à des formations professionnelles, des conférences, des webinaires, ou des ateliers. Les leaders doués peuvent également bénéficier de la lecture de livres, de revues spécialisées et d'articles pour rester à jour avec les dernières tendances et recherches dans leur domaine. En outre, l'apprentissage peut également se faire de manière informelle, par exemple, à travers des discussions avec des collègues, des mentors ou des professionnels d'autres secteurs.

Le mentorat et le coaching sont également des outils précieux pour le développement continu. Les leaders doués peuvent bénéficier de la guidance de mentors expérimentés qui peuvent offrir des conseils, des perspectives et un soutien adaptés à leurs défis uniques. De même, travailler avec un coach de leadership peut aider à développer des compétences spécifiques, à surmonter des obstacles personnels et à affiner leur style de leadership.

La pratique de la réflexion personnelle est un autre élément important du développement continu. Les leaders doués doivent prendre le temps de réfléchir sur leurs expériences, leurs succès et leurs échecs. Cette réflexion peut aider à tirer des leçons, à identifier des domaines d'amélioration et à planifier des stratégies pour le développement futur. Tenir un journal de leadership, par exemple, peut être un moyen efficace de documenter et de réfléchir sur leurs expériences et leurs apprentissages.

Enfin, les leaders doués doivent reconnaître l'importance de l'apprentissage collaboratif. Apprendre avec et des autres, que ce soit au sein de leur équipe, de leur organisation ou de réseaux professionnels, peut offrir des perspectives diverses et enrichir leur compréhension. Encourager une culture d'apprentissage au sein de leur équipe, où le partage des connaissances et des expériences est valorisé, peut non seulement favoriser leur propre développement, mais aussi celui de leurs collaborateurs.

Pour les leaders doués, le développement continu et l'apprentissage perpétuel impliquent de rester ouverts et curieux, de rechercher activement des opportunités d'apprentissage, de s'engager dans le mentorat et le coaching, de pratiquer la réflexion personnelle et de participer à l'apprentissage collaboratif. En adoptant ces stratégies, ils peuvent non seulement améliorer leurs compétences et leur efficacité en tant que leaders, mais aussi inspirer et motiver leur équipe à poursuivre leur propre croissance et développement.

4.11 Mentorat et Coaching Utiliser le mentorat et le coaching pour développer ses compétences de leader et aider les autres

Le mentorat et le coaching sont des outils puissants dans le développement des compétences de leadership, particulièrement pour les leaders doués qui cherchent à affiner leurs aptitudes et à guider efficacement les autres. Ces approches offrent des perspectives uniques et un soutien personnalisé, essentiels pour naviguer dans les complexités du leadership moderne.

Le mentorat implique une relation où un leader plus expérimenté ou plus âgé partage ses connaissances, ses expériences et ses conseils avec un leader moins expérimenté. Pour les leaders doués, trouver un mentor peut être une étape cruciale dans leur développement. Un mentor peut offrir non seulement des conseils pratiques et des stratégies de leadership, mais aussi un soutien émotionnel et moral. Les mentors peuvent aider les leaders doués à naviguer dans des défis spécifiques, à identifier et à atteindre leurs objectifs de carrière, et à prendre des décisions éclairées basées sur leur propre expérience. En outre, un mentor peut agir comme un modèle, offrant un exemple de la manière de gérer efficacement les défis et les opportunités du leadership.

Le coaching, d'autre part, est souvent plus axé sur le développement de compétences spécifiques et l'atteinte d'objectifs à court terme. Un coach de leadership travaille avec le leader pour identifier des domaines de développement, fixer des objectifs clairs et élaborer des stratégies pour les atteindre. Pour les leaders doués, le coaching peut être particulièrement bénéfique pour travailler sur des domaines tels que la communication, la gestion d'équipe, la prise de décision et la gestion du stress. Le coaching offre un espace sûr pour explorer de nouvelles idées, expérimenter avec différents styles de leadership et recevoir des feedbacks constructifs.

En plus de bénéficier personnellement du mentorat et du coaching, les leaders doués peuvent également adopter ces rôles pour soutenir le développement de leurs équipes. En agissant comme mentors ou coachs pour leurs collaborateurs, ils peuvent aider à développer les talents au sein de leur organisation, renforcer les compétences de leur équipe et encourager la croissance professionnelle. Cela implique d'écouter activement, de fournir des feedbacks constructifs, de partager des connaissances et des expériences, et de guider les membres de l'équipe à travers des défis professionnels.

Le mentorat et le coaching nécessitent une approche empathique et personnalisée. Les leaders doués doivent être attentifs aux besoins et aux aspirations individuelles de leurs mentorés ou coachés, en adaptant leur soutien et leurs conseils à chaque situation unique. Cela implique de reconnaître que chaque membre de l'équipe a son propre style d'apprentissage, ses propres objectifs et ses propres défis.

Pour les leaders doués, le mentorat et le coaching sont des stratégies essentielles pour le développement personnel et professionnel. En tirant parti de ces outils, ils peuvent non seulement améliorer leurs propres compétences de leadership, mais aussi contribuer de manière significative au développement de leurs équipes. Que ce soit en recevant des conseils d'un mentor expérimenté, en travaillant avec un coach pour affiner des compétences spécifiques, ou en agissant eux-mêmes comme mentors ou coachs, ils peuvent renforcer leur leadership et avoir un impact positif sur leur organisation.

CHAPITRE 5
LEADERSHIP ET INNOVATION

"Ce que nous savons est une goutte, ce que nous ignorons est un océan."

Isaac Newton

5.1 Fondements de l'Innovation dans le Leadership Exploration de la relation entre leadership et innovation, et comment les leaders peuvent cultiver un environnement propice à l'innovation.

Explorons la relation intrinsèque entre le leadership et l'innovation, soulignant comment les leaders peuvent jouer un rôle crucial dans la création et le maintien d'un environnement propice à l'innovation. Dans le contexte actuel, marqué par des changements rapides et des défis complexes, l'innovation est devenue une nécessité pour la survie et la croissance des organisations. Les leaders jouent un rôle central dans la promotion de cette innovation, non seulement en tant que visionnaires, mais aussi en tant que catalyseurs du changement créatif.

Tout d'abord, il est essentiel pour les leaders de comprendre que l'innovation va au-delà de la simple invention ou de la création de nouveaux produits. Elle englobe également de nouvelles méthodes de travail, l'amélioration des processus, et le développement de nouvelles stratégies commerciales. L'innovation peut se manifester dans tous les aspects d'une organisation, de la gestion interne à l'interaction avec les clients. Pour les leaders, cela signifie reconnaître et valoriser l'innovation sous toutes ses formes.

Pour cultiver un environnement propice à l'innovation, les leaders doivent d'abord établir une culture qui encourage la prise de risque calculée et la liberté d'expérimenter. Cela implique de créer un espace sûr où les échecs sont vus comme des opportunités d'apprentissage plutôt que comme des fautes à punir. Les leaders doivent encourager leurs équipes à sortir des sentiers battus, à proposer des idées audacieuses et à ne pas craindre l'échec. Cette approche nécessite une communication ouverte, où les suggestions et les feedbacks sont accueillis et valorisés.

En outre, les leaders doivent être des modèles en matière d'innovation. Ils doivent démontrer leur propre engagement envers l'innovation, non seulement en paroles, mais aussi en actions. Cela peut impliquer de prendre personnellement des initiatives innovantes, de participer activement à des projets de recherche et développement, ou de soutenir des initiatives de changement au sein de l'organisation. En agissant comme des exemples d'innovation, les leaders peuvent inspirer et motiver leur équipe à suivre leur exemple.

La collaboration est un autre élément clé de l'innovation dans le leadership. Les leaders doivent favoriser la collaboration non seulement au sein de leur équipe, mais aussi avec d'autres départements, organisations ou même industries. La collaboration interdisciplinaire peut ouvrir de nouvelles perspectives et stimuler des idées qui ne seraient pas apparues dans un environnement isolé. Les leaders peuvent faciliter cette collaboration en créant des opportunités de réseautage, en organisant des ateliers interdisciplinaires, ou en établissant des partenariats avec d'autres organisations.

Enfin, les leaders doivent veiller à ce que les ressources nécessaires à l'innovation soient disponibles. Cela inclut non seulement le financement de projets innovants, mais aussi la fourniture de temps, de formation et d'outils nécessaires pour explorer de nouvelles idées. En investissant dans les ressources nécessaires à l'innovation, les leaders montrent leur engagement envers la croissance et le développement futurs de l'organisation.

Pour les leaders, les fondements de l'innovation dans le leadership impliquent de cultiver une culture qui valorise la prise de risque et l'expérimentation, d'être des modèles d'innovation, de favoriser la collaboration interdisciplinaire, et de fournir les ressources nécessaires pour soutenir les initiatives innovantes. En adoptant ces stratégies, les leaders peuvent non seulement stimuler l'innovation au sein de leurs équipes, mais aussi positionner leur organisation pour réussir dans un environnement commercial en constante évolution.

5.2 Pensée Créative et Résolution de Problèmes Techniques pour développer une pensée créative et une approche innovante de la

résolution de problèmes. .

Le développement d'une pensée créative et d'une approche innovante de la résolution de problèmes est essentiel pour les leaders qui cherchent à naviguer dans des environnements complexes et en constante évolution. Pour les leaders doués, en particulier, exploiter leur potentiel de pensée créative peut ouvrir de nouvelles voies pour aborder et résoudre des problèmes de manière non conventionnelle.

L'une des techniques clés pour développer une pensée créative est de cultiver la curiosité et l'ouverture d'esprit. Les leaders doivent encourager une culture de questionnement et d'exploration, où remettre en question les hypothèses et envisager des perspectives alternatives est la norme. Cela peut impliquer de se plonger dans des domaines en dehors de leur expertise, de rechercher des inspirations dans d'autres industries ou cultures, ou simplement d'adopter une attitude de "qu'est-ce qui se passerait si ?" face aux défis. Cette curiosité intellectuelle aide à briser les schémas de pensée rigides et ouvre la porte à des solutions innovantes.

La pratique du brainstorming et de la pensée divergente est une autre technique efficace. Les sessions de brainstorming, lorsqu'elles sont bien menées, peuvent générer une multitude d'idées et encourager la pensée hors des sentiers battus. Les leaders doivent créer un environnement où toutes les idées sont accueillies sans jugement immédiat, permettant ainsi aux membres de l'équipe de se sentir libres d'exprimer des idées créatives et audacieuses. La pensée divergente, qui consiste à explorer de nombreuses solutions possibles plutôt que de se concentrer sur une seule réponse, est également cruciale pour stimuler la créativité.

L'adoption de techniques de résolution de problèmes créatifs, telles que le remue-méninges inversé, la méthode des six chapeaux de réflexion d'Edward de Bono, ou le design thinking, peut également être bénéfique. Ces méthodologies encouragent à regarder les problèmes sous différents angles, à explorer diverses solutions potentielles, et à itérer sur les idées pour trouver les plus efficaces. Elles aident les leaders à structurer le processus créatif et à le rendre plus productif.

Encourager l'apprentissage et l'expérimentation est également essentiel. Les leaders doivent reconnaître que l'échec fait partie intégrante du processus créatif. En adoptant une approche d'apprentissage par l'expérimentation, où les échecs sont vus comme des opportunités d'apprentissage, les leaders peuvent réduire la peur de l'échec et encourager une prise de risque calculée. Cela implique de célébrer les tentatives d'innovation, même lorsque les résultats ne sont pas ceux attendus, et d'utiliser ces expériences comme des leçons pour de futures initiatives.

Enfin, les leaders doivent pratiquer la réflexion personnelle et encourager celle de leur équipe. Prendre du temps pour réfléchir sur les expériences passées, les succès et les échecs, peut fournir des insights précieux pour améliorer la pensée créative et la résolution de problèmes. La réflexion aide à identifier les modèles de pensée, les biais potentiels et les domaines d'amélioration, ce qui est crucial pour le développement continu de compétences créatives.

Pour les leaders, développer une pensée créative et une approche innovante de la résolution de problèmes implique de cultiver la curiosité, de pratiquer le brainstorming et la pensée divergente, d'adopter des techniques de résolution de problèmes créatifs, d'encourager l'apprentissage par l'expérimentation, et de pratiquer la réflexion personnelle. En intégrant ces techniques dans leur pratique du leadership, ils peuvent non seulement trouver des solutions plus efficaces et innovantes aux problèmes, mais aussi inspirer et habiliter leur équipe à adopter une approche similaire.

5.3 Cultiver un État d'Esprit Innovant Stratégies pour

encourager un état d'esprit
ouvert et innovant, tant
personnellement que
dans les équipes.

Cultiver un état d'esprit innovant est essentiel pour les leaders, en particulier pour ceux qui sont doués et cherchent à encourager la créativité et l'innovation au sein de leurs équipes. Un état d'esprit innovant n'est pas seulement une disposition à générer des idées nouvelles, mais aussi une volonté d'embrasser le changement, de prendre des risques calculés et de voir les échecs comme des opportunités d'apprentissage.

Pour développer un tel état d'esprit, les leaders doivent d'abord adopter et promouvoir une attitude de curiosité et d'ouverture. Cela signifie être constamment à la recherche de nouvelles idées, de nouvelles perspectives et de nouvelles façons de faire les choses. Encourager la curiosité peut impliquer de poser des questions provocantes, de stimuler des discussions sur des sujets variés et d'explorer activement des domaines en dehors de leur expertise habituelle. En montrant un intérêt authentique pour l'apprentissage et l'exploration, les leaders peuvent inspirer leur équipe à adopter une approche similaire.

Une autre stratégie clé est de créer un environnement où l'expérimentation et la prise de risque sont encouragées. Les leaders doivent établir une culture où les membres de l'équipe se sentent en sécurité pour essayer de nouvelles approches et où les échecs sont vus comme une partie naturelle du processus d'innovation. Cela peut impliquer de définir des paramètres clairs pour l'expérimentation, de fournir les ressources nécessaires et de célébrer les tentatives d'innovation, qu'elles réussissent ou non. En créant un tel environnement, les leaders peuvent aider à réduire la peur de l'échec et encourager une plus grande prise de risque créative.

Encourager la collaboration et la diversité des pensées est également essentiel pour cultiver un état d'esprit innovant. Les leaders doivent favoriser une culture où les idées sont librement partagées et où les membres de l'équipe sont encouragés à apporter des perspectives diverses. Cela peut impliquer de travailler en équipes interdisciplinaires, de solliciter des opinions de différentes parties de l'organisation, ou même de collaborer avec des partenaires extérieurs. En valorisant la diversité des pensées, les leaders peuvent stimuler une plus grande créativité et découvrir des solutions innovantes qui n'auraient pas été envisagées autrement.

Les leaders doivent également pratiquer et encourager la réflexion et l'auto-évaluation. Cela implique de prendre régulièrement du temps pour réfléchir sur les succès et les échecs, d'évaluer les processus de pensée et de décision, et de chercher des moyens d'améliorer l'approche à l'innovation. La réflexion aide à identifier les biais, à reconnaître les domaines d'amélioration et à renforcer l'état d'esprit innovant.

Enfin, les leaders doivent être des modèles en matière d'innovation. En démontrant leur propre engagement envers l'innovation, en partageant leurs expériences et en montrant leur volonté d'adopter de nouvelles approches, ils peuvent inspirer et motiver leur équipe à faire de même. En étant un exemple de ce qu'est un état d'esprit innovant, les leaders peuvent influencer positivement la culture de leur équipe et de leur organisation.

Pour cultiver un état d'esprit innovant, les leaders doivent encourager la curiosité et l'ouverture, créer un environnement propice à l'expérimentation, favoriser la collaboration et la diversité des pensées, pratiquer la réflexion et l'auto-évaluation, et être des modèles d'innovation. En adoptant ces stratégies, ils peuvent non seulement développer leur propre état d'esprit innovant, mais aussi créer une culture où l'innovation est valorisée et encouragée à tous les niveaux de l'organisation.

5.4 Leadership et Transformation Numérique

Comprendre le rôle du leadership dans la conduite de la transformation numérique et de l'innovation technologique.

Abordons spécifiquement le rôle crucial du leadership dans la conduite de la transformation numérique et de l'innovation technologique. À l'ère du numérique, où la technologie évolue rapidement et redéfinit continuellement le paysage des affaires, les leaders sont confrontés au défi de guider leurs organisations à travers des changements significatifs et souvent disruptifs. Leur rôle dans la navigation et la capitalisation sur ces changements est essentiel pour assurer la compétitivité et la réussite à long terme de leur organisation.

Pour les leaders, comprendre la transformation numérique va au-delà de la simple adoption de nouvelles technologies. Il s'agit d'une refonte fondamentale de la manière dont l'entreprise opère et engage ses clients. Cela implique de reconnaître l'impact de la technologie numérique sur tous les aspects de l'entreprise, de la chaîne d'approvisionnement et des opérations à la relation client et à la culture d'entreprise. Les leaders doivent non seulement être au courant des dernières innovations technologiques, mais aussi comprendre comment ces technologies peuvent être intégrées de manière stratégique pour améliorer l'efficacité, stimuler l'innovation et créer de la valeur.

La conduite de la transformation numérique nécessite une vision claire et une stratégie bien définie. Les leaders doivent établir une vision de ce que la transformation numérique signifie pour leur organisation et comment elle peut être utilisée pour atteindre les objectifs stratégiques. Cette vision doit ensuite être traduite en une feuille de route stratégique, avec des objectifs clairs, des initiatives prioritaires et un plan d'implémentation. La communication de cette vision et de cette stratégie à l'ensemble de l'organisation est cruciale pour assurer l'alignement et l'engagement de toutes les parties prenantes.

Les leaders jouent également un rôle clé dans la création d'une culture qui soutient la transformation numérique. Cela implique de promouvoir une culture d'innovation, où l'expérimentation et la prise de risque sont encouragées. Ils doivent également veiller à ce que les employés disposent des compétences et des ressources nécessaires pour s'adapter et prospérer dans un environnement numérique. Cela peut impliquer des investissements dans la formation et le développement, ainsi que la mise en place de structures de soutien pour faciliter l'adoption de nouvelles technologies.

En outre, les leaders doivent être attentifs à

la gestion du changement. La transformation numérique peut entraîner des perturbations significatives, et la gestion efficace de ces changements est essentielle pour minimiser les résistances et maximiser l'adoption. Cela implique de comprendre les impacts humains de la transformation numérique, de communiquer efficacement sur les changements et de fournir un soutien continu tout au long du processus de transition.

Enfin, les leaders doivent adopter une approche agile et flexible dans la conduite de la transformation numérique. Compte tenu de la rapidité des changements technologiques, les plans et stratégies doivent être suffisamment flexibles pour s'adapter aux nouvelles informations et circonstances. Cela implique d'être ouvert aux ajustements de la stratégie, d'expérimenter de nouvelles approches et de tirer des leçons des échecs et des succès.

Dans le contexte de la transformation numérique et de l'innovation technologique, les leaders doivent jouer un rôle actif dans la définition de la vision et de la stratégie, la création d'une culture de soutien, la gestion du changement, et l'adoption d'une approche agile. En assumant ces responsabilités, ils peuvent non seulement guider efficacement leurs organisations à travers les défis du numérique, mais aussi exploiter les opportunités offertes par les technologies émergentes pour innover et se démarquer dans un paysage commercial en constante évolution.

5.5 Modèles d'Innovation en Leadership Étude de différents modèles d'innovation et leur application dans le leadership.

Explorons maintenant divers modèles d'innovation et leur application dans le leadership. Ces modèles offrent des cadres et des approches variés pour stimuler et gérer l'innovation au sein des organisations. Pour les leaders, comprendre et appliquer ces modèles peut être un moyen efficace de catalyser l'innovation et de guider leurs équipes vers de nouvelles façons de penser et de travailler.

Un modèle d'innovation bien connu est le "Design Thinking". Ce modèle se concentre sur l'empathie pour les utilisateurs, la définition de problèmes, l'idéation, le prototypage et le test. Il est particulièrement efficace pour développer des solutions centrées sur l'utilisateur et peut être appliqué dans divers contextes, allant du développement de produits à l'amélioration des processus internes. Pour les leaders, adopter une approche de design thinking signifie encourager les équipes à penser du point de vue de l'utilisateur final et à adopter une approche itérative et expérimentale pour résoudre les problèmes.

Un autre modèle est l'innovation ouverte, qui repose sur la collaboration avec des entités extérieures à l'organisation, telles que d'autres entreprises, des instituts de recherche ou des consommateurs. Ce modèle permet aux organisations d'accéder à de nouvelles idées, compétences et technologies qui ne sont pas disponibles en interne. Pour les leaders, l'innovation ouverte implique de créer des partenariats stratégiques et de cultiver un réseau d'innovation externe, tout en gérant efficacement la propriété intellectuelle et les relations de collaboration.

Le modèle Lean Startup, popularisé par Eric Ries, est une autre approche d'innovation axée sur la création rapide de prototypes de produits ou de services, le test auprès des utilisateurs et l'ajustement rapide en fonction des retours. Ce modèle est particulièrement adapté aux environnements en rapide évolution et aux marchés incertains. Pour les leaders, cela signifie encourager une culture de rapidité, de flexibilité et d'apprentissage continu, où l'échec rapide est vu comme une opportunité d'apprentissage et d'ajustement.

Le modèle de l'innovation disruptive, théorisé par Clayton Christensen, se concentre sur la création de produits ou de services qui bouleversent les marchés existants en offrant des solutions plus simples, moins chères ou plus accessibles. Les leaders qui adoptent ce modèle doivent être prêts à remettre en question le statu quo, à explorer des marchés de niche initialement et à évoluer progressivement vers des marchés plus larges.

Enfin, le modèle d'innovation continue implique une amélioration constante des produits, services et processus. Ce modèle est souvent associé à des pratiques telles que le Six Sigma et le management de la qualité totale. Pour les leaders, cela signifie instaurer des processus qui encouragent et récompensent les améliorations continues, et développer une culture où les suggestions d'amélioration de tous les membres de l'équipe sont valorisées.

Les leaders peuvent s'inspirer de différents modèles d'innovation tels que le Design Thinking, l'innovation ouverte, le Lean Startup, l'innovation disruptive et l'innovation continue pour stimuler la créativité et l'innovation au sein de leurs équipes. Choisir et adapter le modèle approprié en fonction du contexte spécifique de l'organisation et des défis auxquels elle est confrontée peut être un moyen efficace de promouvoir une culture d'innovation et de maintenir un avantage concurrentiel dans un environnement commercial en constante évolution.

5.6 Gestion de l'Innovation et du Changement Approches pour gérer efficacement l'innovation et le changement au sein des organisations.

La gestion de l'innovation et du changement est un défi crucial pour les leaders, en particulier dans un environnement commercial qui évolue rapidement. Pour les leaders doués, qui possèdent souvent une capacité naturelle à anticiper et à s'adapter aux changements, développer des stratégies efficaces pour gérer l'innovation et le changement est essentiel pour assurer le succès et la durabilité de leur organisation.

Une approche fondamentale pour la gestion de l'innovation est de créer une culture organisationnelle qui valorise et soutient l'innovation. Cela implique de promouvoir un environnement où la prise de risque calculée, l'expérimentation et l'apprentissage continu sont encouragés. Les leaders doivent reconnaître et récompenser non seulement les succès, mais aussi les tentatives d'innovation, même si elles ne mènent pas immédiatement à des résultats positifs. En créant un tel environnement, les leaders peuvent encourager les membres de leur équipe à explorer de nouvelles idées et à proposer des solutions créatives aux problèmes.

La gestion efficace du changement implique également une communication claire et transparente. Les leaders doivent communiquer la vision, les objectifs et les avantages du changement de manière compréhensible et convaincante. Cela aide à minimiser les résistances et à aligner l'équipe sur les objectifs communs. La communication doit être bidirectionnelle, offrant aux membres de l'équipe la possibilité de partager leurs préoccupations, leurs suggestions et leurs feedbacks.

Pour gérer l'innovation et le changement, les leaders doivent également adopter une approche stratégique et planifiée. Cela implique de définir des objectifs clairs pour les initiatives d'innovation, de développer des plans d'action détaillés et de mettre en place des mécanismes de suivi et d'évaluation. Les leaders doivent être capables d'ajuster les plans en fonction des retours et des évolutions du marché, tout en maintenant le cap sur la vision à long terme.

La collaboration et l'implication de l'équipe sont également essentielles dans la gestion de l'innovation et du changement. Les leaders doivent encourager la participation active de tous les membres de l'équipe dans le processus d'innovation. Cela peut impliquer de former des équipes interdisciplinaires pour travailler sur des projets d'innovation, de solliciter des idées de tous les niveaux de l'organisation et de collaborer avec des partenaires externes pour apporter de nouvelles perspectives.

Enfin, les leaders doivent être des modèles en matière d'innovation et de gestion du changement. En démontrant leur propre engagement envers l'innovation, en étant ouverts aux nouvelles idées et en montrant leur capacité à s'adapter aux changements, ils peuvent inspirer et motiver leur équipe à adopter une approche similaire. Les leaders doivent également être conscients de leur propre réaction au changement et s'efforcer de gérer efficacement leur stress et leurs émotions pour maintenir une direction positive et stable pour leur équipe.

Pour gérer efficacement l'innovation et le changement, les leaders doivent créer une culture qui soutient l'innovation, communiquer clairement, adopter une approche stratégique, encourager la collaboration et l'implication de l'équipe, et être des modèles de comportement. En adoptant ces stratégies, les leaders peuvent non seulement naviguer avec succès à travers les défis de l'innovation et du changement, mais aussi positionner leur organisation pour tirer parti des opportunités et rester compétitive dans un paysage commercial en constante évolution.

5.7 Leadership, Durabilité et Innovation Sociale Exploration du lien entre leadership, durabilité et innovation sociale.

Abordons maintenant l'intersection cruciale entre leadership, durabilité et innovation sociale, soulignant comment les leaders peuvent jouer un rôle déterminant dans la promotion de pratiques durables et d'initiatives sociales innovantes. Dans un contexte mondial où les questions environnementales et sociales prennent de plus en plus d'importance, les leaders sont appelés à intégrer la durabilité et l'innovation sociale dans leur vision et leur stratégie d'entreprise.

Le leadership en matière de durabilité implique de reconnaître que les pratiques commerciales ont un impact significatif sur l'environnement et la société. Pour les leaders, cela signifie aller au-delà de la simple conformité réglementaire ou de la responsabilité sociale d'entreprise (RSE) comme une initiative périphérique, et intégrer la durabilité au cœur de la stratégie d'entreprise. Cela implique de prendre des décisions qui non seulement favorisent la réussite économique, mais qui prennent également en compte les impacts environnementaux et sociaux à long terme.

L'innovation sociale, quant à elle, se concentre sur le développement et la mise en œuvre de solutions aux défis sociaux, tels que l'inégalité, la pauvreté, l'éducation et la santé. Pour les leaders, cela signifie reconnaître que leur organisation a le pouvoir et la responsabilité de contribuer positivement à la société. Cela peut impliquer de développer de nouveaux produits ou services qui répondent aux besoins sociaux, de créer des modèles d'affaires qui génèrent un impact social positif, ou de collaborer avec des organisations à but non lucratif, des gouvernements ou des communautés pour résoudre des problèmes sociaux complexes.

Pour intégrer efficacement la durabilité et l'innovation sociale dans leur leadership, les leaders doivent d'abord développer une compréhension profonde des enjeux environnementaux et sociaux pertinents pour leur organisation. Cela implique de se tenir informé des dernières recherches, tendances et meilleures pratiques en matière de durabilité et d'innovation sociale. Les leaders doivent également être capables de relier ces enjeux à la mission et aux objectifs de leur organisation, en identifiant des opportunités où la durabilité et l'innovation sociale peuvent créer de la valeur pour l'entreprise et pour la société.

La communication et l'engagement des parties prenantes sont également essentiels. Les leaders doivent communiquer clairement leur engagement envers la durabilité et l'innovation sociale, non seulement à leurs équipes, mais aussi à leurs clients, investisseurs et autres parties prenantes. Cela implique de partager les objectifs, les initiatives et les progrès de l'organisation en matière de durabilité et d'innovation sociale, et de solliciter des feedbacks et des idées pour améliorer continuellement.

Enfin, les leaders doivent être des modèles en matière de durabilité et d'innovation sociale. En démontrant leur propre engagement envers ces principes, en prenant des décisions responsables et en mettant en œuvre des pratiques durables au sein de leur organisation, ils peuvent inspirer et motiver leur équipe à adopter une approche similaire. Les leaders doivent également reconnaître que la durabilité et l'innovation sociale ne sont pas seulement des défis, mais aussi des opportunités pour innover, différencier leur entreprise et créer un impact positif durable. Pour les leaders, établir un lien entre leadership, durabilité et innovation sociale implique de comprendre les enjeux environnementaux et sociaux, d'intégrer la durabilité et l'innovation sociale dans la stratégie d'entreprise, de communiquer et d'engager les parties prenantes, et d'être des modèles de comportement. En adoptant ces approches, les leaders peuvent non seulement contribuer à un avenir plus durable et équitable, mais aussi renforcer la réputation et la compétitivité de leur organisation dans un monde de plus en plus conscient des enjeux environnementaux et sociaux.

5.8 Cas d'Étude : Leaders Innovateurs Exemples de leaders qui ont réussi à intégrer l'innovation dans leur style de leadership.

Ces exemples illustrent comment certains leaders ont réussi à intégrer l'innovation dans leur style de leadership, transformant ainsi leurs organisations et, dans certains cas, des industries entières.

Un exemple emblématique est celui de Steve Jobs, co-fondateur d'Apple. Jobs était réputé pour son approche visionnaire et son insistance sur l'excellence en matière de design et de fonctionnalité. Sous sa direction, Apple a lancé des produits révolutionnaires comme l'iPod, l'iPhone et l'iPad, qui ont non seulement transformé l'entreprise, mais aussi redéfini les marchés de la musique, de la téléphonie et des tablettes. Jobs incarnait un leadership qui valorisait la créativité, l'innovation et le perfectionnisme, et il a su inspirer ses équipes à repousser les limites de ce qui est possible.

Un autre leader innovateur est Elon Musk, connu pour ses rôles chez SpaceX, Tesla et d'autres entreprises de pointe. Musk se distingue par sa capacité à envisager et à poursuivre des objectifs audacieux, tels que la colonisation de Mars ou la transition vers des véhicules électriques et des énergies renouvelables. Son style de leadership est caractérisé par une prise de risque élevée et une vision à long terme, combinées à une capacité à mobiliser des ressources et des talents pour réaliser des projets ambitieux.

Indra Nooyi, ancienne PDG de PepsiCo, est un autre exemple de leader innovateur. Pendant son mandat, elle a réorienté l'entreprise vers des produits plus sains et a mis l'accent sur la durabilité environnementale. Nooyi a démontré comment l'innovation peut être intégrée dans les stratégies d'entreprise pour répondre aux changements de préférences des consommateurs et aux préoccupations environnementales, tout en maintenant la croissance et la rentabilité.

Satya Nadella, PDG de Microsoft, est également un exemple de leadership innovant. Depuis qu'il a pris la tête de l'entreprise, Nadella a transformé la culture de Microsoft, en mettant l'accent sur la collaboration, la croissance personnelle et l'innovation continue. Sous sa direction, Microsoft a renforcé son engagement dans le cloud computing et l'intelligence artificielle, tout en encourageant une culture d'apprentissage et de développement continu.

Ces leaders partagent plusieurs caractéristiques clés qui ont contribué à leur succès en tant qu'innovateurs. Ils possèdent une vision claire et audacieuse, la capacité de penser différemment et de défier le statu quo, et un engagement envers l'excellence. Ils ont également su inspirer et mobiliser leurs équipes autour de leurs visions, en créant des cultures d'entreprise qui valorisent l'innovation, la prise de risque et l'apprentissage continu.

Les cas d'étude de ces leaders innovateurs offrent des leçons précieuses sur l'intégration de l'innovation dans le leadership. Leur capacité à envisager l'avenir, à prendre des risques calculés et à inspirer leurs équipes à atteindre des objectifs ambitieux démontre l'impact puissant que le leadership innovant peut avoir sur les organisations et les industries.

5.9 Risques et Défis de l'Innovation en Leadership Discussion sur les risques et les défis associés à l'innovation dans le leadership et comment les surmonter.

Abordons également les risques et les défis

inhérents à l'innovation dans le leadership, ainsi que des stratégies pour les surmonter. L'innovation, bien qu'essentielle pour le succès et la croissance à long terme, comporte son lot de risques et de défis qui peuvent être intimidants pour les leaders.

Un des principaux défis de l'innovation en leadership est la résistance au changement. Les changements, surtout ceux qui sont radicaux ou disruptifs, peuvent susciter de l'anxiété et de l'opposition parmi les employés, les parties prenantes et parfois même les clients. Cette résistance peut provenir de la peur de l'inconnu, de l'attachement aux méthodes existantes, ou de la perception que les changements proposés pourraient avoir des conséquences négatives. Pour surmonter cette résistance, les leaders doivent communiquer efficacement la vision et les avantages de l'innovation, impliquer les parties prenantes dans le processus de changement et fournir un soutien adéquat pour faciliter la transition.

Un autre défi est le risque d'échec. L'innovation implique souvent d'explorer des territoires inconnus, ce qui peut mener à des erreurs et des échecs. Pour les leaders, gérer ce risque nécessite une tolérance à l'échec et une capacité à voir les échecs comme des opportunités d'apprentissage. Cela implique de créer une culture où l'expérimentation et l'apprentissage sont valorisés, et où les échecs sont considérés comme des étapes naturelles dans le processus d'innovation.

La gestion des ressources est également un défi majeur. L'innovation peut nécessiter des investissements significatifs en temps, en argent et en ressources humaines. Les leaders doivent équilibrer les besoins de l'innovation avec les contraintes budgétaires et les priorités opérationnelles de l'organisation. Cela implique de faire des choix stratégiques sur où et comment allouer les ressources, et de s'assurer que les projets d'innovation offrent un retour sur investissement acceptable.

En outre, l'innovation peut entraîner des défis en matière de gestion du changement. Introduire de nouvelles technologies, processus ou modèles d'affaires peut perturber les opérations existantes et nécessiter des changements dans la structure organisationnelle, les compétences des employés et les pratiques de travail. Les leaders doivent gérer ces aspects du changement de manière sensible et stratégique, en s'assurant que les employés sont formés et préparés pour les nouvelles méthodes de travail.

Enfin, il y a le défi de maintenir l'équilibre entre l'innovation et les opérations courantes. Les leaders doivent veiller à ce que l'accent mis sur l'innovation ne détourne pas l'attention des opérations et responsabilités essentielles de l'entreprise. Cela nécessite une gestion habile des priorités et une communication claire sur l'importance de maintenir un équilibre entre l'innovation et les activités quotidiennes.

Bien que l'innovation soit essentielle pour le leadership efficace, elle comporte des risques et des défis qui doivent être gérés avec soin. Les leaders doivent naviguer à travers la résistance au changement, gérer le risque d'échec, allouer les ressources de manière stratégique, gérer les aspects du changement et maintenir un équilibre entre l'innovation et les opérations courantes. En abordant ces défis de manière proactive et stratégique, les leaders peuvent maximiser les avantages de l'innovation tout en minimisant les risques et les perturbations pour leur organisation.

5.10 Futur du Leadership Innovant Perspectives sur l'avenir du leadership innovant et les tendances émergentes

Concluons par une exploration des perspectives d'avenir pour le leadership innovant, en se penchant sur les tendances émergentes et les évolutions qui façonneront le paysage du leadership dans les années à venir. À mesure que le monde continue d'évoluer à un rythme rapide, marqué par des avancées technologiques, des changements sociaux et des défis environnementaux, le rôle des leaders dans la navigation et la promotion de l'innovation devient de plus en plus crucial.

Une tendance clé qui façonne l'avenir du leadership innovant est l'accent croissant mis sur la durabilité et la responsabilité sociale. Les leaders de demain devront non seulement gérer les performances économiques de leurs organisations, mais aussi prendre en compte leur impact environnemental et social. Cela implique une approche holistique du leadership, où la prise de décision est guidée par des considérations éthiques et durables. Les leaders innovants devront intégrer des pratiques durables dans tous les aspects de leur organisation, de la gestion de la chaîne d'approvisionnement à la conception des produits et services.

L'avènement de la technologie numérique et de l'intelligence artificielle est une autre tendance qui redéfinit le leadership innovant. Les leaders doivent non seulement comprendre et adopter ces technologies, mais aussi anticiper leur impact sur les marchés, les industries et les pratiques de travail. Cela nécessite une capacité à apprendre rapidement, à s'adapter aux nouvelles technologies et à intégrer ces outils de manière stratégique pour stimuler l'innovation et améliorer l'efficacité.

La gestion de la diversité et de l'inclusion est également devenue un aspect crucial du leadership innovant. Les leaders doivent reconnaître la valeur de la diversité des pensées, des expériences et des perspectives pour stimuler l'innovation. Cela implique de créer des environnements de travail inclusifs, où les différences sont valorisées et où chaque membre de l'équipe a la possibilité de contribuer pleinement. Les leaders innovants de l'avenir seront ceux qui peuvent tirer parti de la diversité pour favoriser la créativité et l'innovation.

En outre, l'avenir du leadership innovant sera marqué par une plus grande collaboration et un partage des connaissances. Les défis complexes auxquels les organisations sont confrontées nécessitent souvent des solutions interdisciplinaires et collaboratives. Les leaders devront donc cultiver des réseaux étendus, collaborer au-delà des frontières organisationnelles et sectorielles, et partager des connaissances et des ressources pour favoriser l'innovation.

Enfin, l'avenir du leadership innovant exigera une flexibilité et une agilité accrues. Dans un monde en constante évolution, les leaders doivent être capables de s'adapter rapidement aux changements, de prendre des décisions dans des contextes incertains et de rester résilients face aux défis. Cela implique de cultiver une mentalité de croissance, d'être ouvert au changement et d'apprendre continuellement.

L'avenir du leadership innovant sera façonné par

des leaders capables de gérer la durabilité et la responsabilité sociale, d'adopter et de s'adapter aux technologies numériques, de valoriser la diversité et l'inclusion, de collaborer et de partager des connaissances, et de rester flexibles et agiles. Ces leaders seront à l'avant-garde de la création d'organisations résilientes, adaptatives et innovantes, capables de prospérer dans un avenir en constante évolution.

CHAPITRE 6 : COMMUNICATION ET INFLUENCE

"Je sais une chose, c'est que je ne sais rien."

Socrates

6.1 Principes de Base de la Communication Efficace

Exploration des fondements de la communication efficace et de son importance dans le leadership.

Ce chapitre se penche sur les principes fondamentaux de la communication efficace, un élément crucial dans le leadership. Une communication efficace est la pierre angulaire du leadership réussi, car elle permet non seulement de transmettre des idées et des informations, mais aussi d'inspirer et d'influencer les autres. Pour les leaders, maîtriser l'art de la communication est essentiel pour établir des relations solides, motiver les équipes, gérer les conflits et guider leur organisation vers la réalisation de ses objectifs.

Le premier principe de base de la communication efficace est la clarté. Les messages doivent être clairs et compréhensibles pour éviter les malentendus et les confusions. Cela implique de choisir les mots avec soin, de structurer les idées de manière logique et de s'assurer que le message principal est facilement discernable. Pour les leaders, cela signifie également adapter leur communication au public cible, en tenant compte de leur niveau de connaissance, de leurs attentes et de leurs besoins.

Un autre principe fondamental est l'écoute active. La communication efficace n'est pas seulement une question de transmission d'informations, mais aussi de réception et de compréhension des messages des autres. L'écoute active implique de prêter une attention totale à l'interlocuteur, de comprendre le message dans son contexte et de répondre de manière appropriée. Pour les leaders, l'écoute active est essentielle pour comprendre les préoccupations et les motivations de leur équipe, pour résoudre les problèmes et pour prendre des décisions éclairées.

La communication non verbale joue également un rôle crucial. Les gestes, l'expression faciale, le contact visuel et le ton de la voix peuvent tous influencer la manière dont un message est reçu. Les leaders doivent être conscients de leur langage corporel et de celui des autres, car cela peut renforcer ou affaiblir le message verbal. Une communication non verbale cohérente avec le message verbal renforce la crédibilité et l'authenticité du leader.

L'empathie est un autre élément clé de la communication efficace. Cela implique de se mettre à la place de l'autre personne, de comprendre ses perspectives et ses sentiments. Pour les leaders, l'empathie est essentielle pour établir des relations de confiance, pour gérer les conflits de manière constructive et pour motiver et soutenir leur équipe.

Enfin, la rétroaction est un aspect important de la communication efficace. Les leaders doivent être ouverts à recevoir des feedbacks et être capables de fournir des retours constructifs. La rétroaction aide à l'amélioration continue, à l'ajustement des stratégies et à la résolution des problèmes. Elle doit être donnée de manière respectueuse et constructive, en se concentrant sur les comportements et les actions plutôt que sur la personne.

Les principes de base de la communication efficace comprennent la clarté, l'écoute active, la communication non verbale, l'empathie et la rétroaction. Pour les leaders, maîtriser ces principes est essentiel pour influencer efficacement, construire des relations solides, gérer les équipes et guider leur organisation vers le succès. Une communication efficace n'est pas seulement une compétence, mais un outil puissant pour le leadership efficace.

6.2 Styles de Communication et Leadership Comprendre comment différents styles de communication influencent le leadership.

La manière dont un leader communique peut avoir un impact significatif sur son efficacité, sa capacité à motiver et à inspirer, ainsi que sur la manière dont il est perçu par son équipe et ses collègues. Comprendre et adapter son style de communication est donc crucial pour un leadership efficace.

Les styles de communication varient largement et peuvent être influencés par la personnalité du leader, son expérience, son contexte culturel et même la situation spécifique. Certains leaders peuvent adopter un style de communication direct et assertif, caractérisé par la clarté et la concision. Ce style peut être particulièrement efficace dans des situations où des décisions rapides et fermes sont nécessaires, mais il peut aussi être perçu comme autoritaire ou insensible s'il n'est pas équilibré avec de l'empathie et de l'écoute.

D'autres leaders peuvent préférer un style plus collaboratif et participatif, encourageant le dialogue ouvert, la discussion et la contribution de l'équipe. Ce style peut favoriser un environnement de travail plus inclusif et démocratique, stimuler l'innovation et renforcer l'engagement de l'équipe. Cependant, il peut aussi mener à des processus décisionnels plus lents et nécessite une gestion efficace pour éviter les débats interminables ou la dispersion des efforts.

Un style de communication empathique et soutenant est également courant parmi les leaders efficaces. Ce style se concentre sur la compréhension des besoins et des préoccupations de l'équipe, en offrant un soutien et des encouragements. Il est particulièrement utile pour bâtir des relations de confiance, pour motiver et pour gérer les conflits de manière constructive. Cependant, ce style doit être équilibré avec de la fermeté et de la direction pour éviter le risque de paraître trop indulgent ou hésitant.

Certains leaders adoptent un style de communication visionnaire, se concentrant sur la communication d'une vision claire et inspirante. Ce style peut être extrêmement motivant et peut aider à aligner l'équipe sur des objectifs communs à long terme. Cependant, il doit être complété par des communications plus tactiques et détaillées pour assurer que la vision se traduit en actions concrètes.

Il est important pour les leaders de reconnaître que aucun style de communication n'est universellement efficace dans toutes les situations. Les leaders les plus efficaces sont ceux qui peuvent adapter leur style de communication en fonction du contexte, des besoins de l'équipe et des objectifs spécifiques. Cela implique de développer une compréhension profonde de différents styles de communication, de leurs impacts et de savoir quand et comment les utiliser de manière appropriée.

Les styles de communication dans le leadership peuvent varier de direct et assertif à collaboratif et participatif, empathique et soutenant, ou visionnaire. Chaque style a ses forces et ses limites, et l'efficacité d'un leader réside souvent dans sa capacité à adapter son style de communication en fonction de la situation. En maîtrisant différents styles de communication, les leaders peuvent non seulement améliorer leur efficacité, mais aussi répondre de manière plus adéquate aux besoins de leur équipe et aux exigences de leur environnement.

6.3 Écoute Active et Empathie

Techniques pour développer l'écoute active et l'empathie dans la communication.

Il met également l'accent sur l'importance de l'écoute active et de l'empathie dans la communication, deux compétences essentielles pour un leadership efficace. L'écoute active et l'empathie permettent aux leaders de comprendre véritablement leurs interlocuteurs, de créer des liens de confiance et de répondre de manière appropriée aux besoins de leur équipe.

L'écoute active va au-delà de l'écoute passive des mots de l'autre. Elle implique une attention totale et une implication dans la conversation. Pour pratiquer l'écoute active, les leaders doivent se concentrer pleinement sur l'orateur, évitant toute distraction et résistant à l'envie de préparer leur réponse pendant que l'autre parle. Cela signifie également observer le langage non verbal, comme les expressions faciales et le langage corporel, pour saisir pleinement le message de l'orateur.

Une technique efficace pour améliorer l'écoute active est la reformulation, qui consiste à répéter ou à paraphraser ce que l'orateur a dit pour confirmer la compréhension. Cela non seulement assure que le message a été correctement compris, mais montre aussi à l'orateur qu'il est écouté et valorisé. Poser des questions ouvertes est une autre technique importante, car elle encourage l'orateur à partager plus de détails ou à clarifier ses pensées, tout en démontrant un intérêt sincère pour son point de vue.

L'empathie, quant à elle, est la capacité de comprendre et de partager les sentiments d'autrui. Pour développer l'empathie dans la communication, les leaders doivent s'efforcer de se mettre à la place de leur interlocuteur, en essayant de comprendre ses expériences, ses émotions et ses perspectives. Cela implique une ouverture d'esprit et une volonté de reconnaître et d'accepter les points de vue et les sentiments des autres, même s'ils diffèrent des leurs.

Une communication empathique nécessite également de répondre de manière appropriée aux émotions de l'autre. Cela peut signifier offrir du soutien et de la compréhension dans des moments difficiles, ou partager la joie et l'enthousiasme dans des moments positifs. Les leaders doivent être attentifs à leur propre langage non verbal et ton de voix pour s'assurer qu'ils communiquent de l'empathie de manière authentique.

En outre, les leaders doivent être conscients des limites de l'empathie. Trop d'empathie peut parfois conduire à une implication émotionnelle excessive ou à une perte d'objectivité. Les leaders doivent trouver un équilibre entre comprendre et partager les émotions des autres, tout en maintenant une certaine distance émotionnelle pour prendre des décisions éclairées et justes. Développer l'écoute active et l'empathie est crucial pour un leadership efficace. Ces compétences permettent aux leaders de créer des relations de confiance, de comprendre les besoins et les préoccupations de leur équipe, et de répondre de manière appropriée et efficace. En pratiquant l'écoute active et en communiquant avec empathie, les leaders peuvent non seulement améliorer la qualité de leurs interactions, mais aussi renforcer la cohésion et la motivation au sein de leur équipe.

6.4 Communication Non Verbale Importance et interprétation de la communication non verbale dans le leadership.

On aborde aussi l'importance cruciale de la communication non verbale dans le leadership. La communication non verbale, qui englobe les gestes, l'expression faciale, le contact visuel, la posture et le ton de la voix, joue un rôle fondamental dans la manière dont les messages sont perçus et interprétés. Pour les leaders, être conscient de leur propre communication non verbale, ainsi que de celle des autres, est essentiel pour une communication efficace et pour établir des relations de confiance et de respect.

Le langage corporel, par exemple, peut transmettre une multitude d'informations sur les sentiments, les attitudes et les intentions d'une personne. Une posture ouverte, des gestes détendus et un contact visuel direct peuvent communiquer la confiance, l'ouverture et l'engagement. À l'inverse, une posture fermée, des bras croisés et un manque de contact visuel peuvent suggérer le désintérêt, la défensive ou l'insécurité. Pour les leaders, adopter un langage corporel qui reflète la confiance et l'ouverture peut renforcer leur message verbal et encourager une communication plus ouverte au sein de leur équipe.

L'expression faciale est également un aspect important de la communication non verbale. Elle peut révéler des émotions subtiles et donner des indices sur la réceptivité ou l'accord d'une personne. Les leaders doivent être attentifs à leurs propres expressions faciales, ainsi qu'à celles de leurs interlocuteurs, pour mieux comprendre les réactions et les sentiments non exprimés verbalement. Par exemple, un sourire sincère peut créer un sentiment de chaleur et de connexion, tandis qu'une expression confuse ou préoccupée peut indiquer un besoin de clarification ou de soutien.

Le ton de la voix, y compris le volume, le rythme et l'intonation, est un autre élément clé de la communication non verbale. Le ton peut influencer considérablement la manière dont un message est reçu. Un ton calme et mesuré peut transmettre la confiance et le contrôle, tandis qu'un ton élevé ou hésitant peut suggérer l'anxiété ou le doute. Les leaders doivent être conscients de leur ton de voix et l'ajuster en fonction de la situation pour renforcer leur message et assurer une communication claire et efficace.

En outre, la communication non verbale joue un rôle important dans la gestion des conflits et des négociations. Les signaux non verbaux peuvent fournir des indices précieux sur les points de tension, les désaccords ou les compromis potentiels. Les leaders doivent être capables d'interpréter ces signaux pour naviguer efficacement dans les situations difficiles et trouver des solutions mutuellement bénéfiques.

Enfin, il est important pour les leaders de reconnaître les différences culturelles dans la communication non verbale. Ce qui est considéré comme un geste positif ou respectueux dans une culture peut être perçu différemment dans une autre. Les leaders doivent donc être sensibles aux contextes culturels de leur communication et s'adapter en conséquence pour éviter les malentendus et respecter la diversité de leur équipe.

La communication non verbale est un aspect essentiel de la communication efficace dans le leadership. En étant attentifs à leur propre communication non verbale et en interprétant correctement celle des autres, les leaders peuvent améliorer leur capacité à communiquer efficacement, à établir des relations de confiance et à gérer efficacement les situations complexes. La maîtrise de la communication non verbale est donc un atout précieux pour tout leader souhaitant influencer positivement et diriger efficacement son équipe.

6.5 Influence et Persuasion Stratégies pour influencer et persuader efficacement dans divers contextes de leadership.

Maintenant on se penche sur les stratégies d'influence et de persuasion, des compétences essentielles dans le répertoire d'un leader efficace. L'art d'influencer et de persuader implique de convaincre les autres d'adopter une certaine perspective ou de prendre une action spécifique, non pas par la force ou la manipulation, mais par des arguments logiques, l'émotion et le respect mutuel. Pour les leaders, maîtriser ces compétences est crucial pour diriger efficacement, gérer les changements et atteindre les objectifs organisationnels.

L'une des stratégies clés pour influencer et

persuader est de construire des relations solides basées sur la confiance et le respect. Les leaders qui établissent des relations authentiques avec leurs équipes et collègues sont plus susceptibles d'être écoutés et suivis. Cela implique de montrer un intérêt sincère pour les autres, d'écouter activement leurs préoccupations et idées, et de démontrer de la fiabilité et de l'intégrité dans toutes les interactions.

Une autre stratégie importante est l'utilisation de la communication efficace pour présenter des idées et des arguments. Cela implique de clarifier le message, d'utiliser des données et des faits pour étayer les arguments, et de raconter des histoires ou des anecdotes pour rendre le message plus engageant et mémorable. Les leaders doivent également être capables d'adapter leur message à leur public, en tenant compte des besoins, des intérêts et des préoccupations de leurs interlocuteurs.

La capacité à comprendre et à répondre aux besoins et aux motivations des autres est également essentielle pour l'influence et la persuasion. Les leaders doivent être capables de voir les situations du point de vue des autres et de trouver des moyens de relier leurs propositions aux intérêts ou aux besoins de leur public. Cela peut impliquer de proposer des solutions gagnant-gagnant, de souligner les avantages mutuels ou de répondre aux préoccupations potentielles de manière proactive.

L'utilisation de techniques de persuasion éthiques est également cruciale. Cela signifie éviter la manipulation ou la coercition et plutôt s'appuyer sur des arguments logiques, l'authenticité et l'intégrité. Les leaders doivent être transparents sur leurs intentions et respectueux des opinions et des choix des autres, même en cas de désaccord.

Enfin, les leaders doivent être conscients de l'importance de la réciprocité et de la reconnaissance dans l'influence et la persuasion. Montrer de l'appréciation pour les contributions des autres, reconnaître leurs efforts et rendre des faveurs peuvent renforcer les relations et augmenter la volonté des autres à coopérer et à soutenir les initiatives du leader.

Les stratégies pour influencer et persuader efficacement dans divers contextes de leadership comprennent la construction de relations basées sur la confiance, l'utilisation de la communication efficace, la compréhension des besoins et des motivations des autres, l'adhésion à des techniques de persuasion éthiques, et la reconnaissance de l'importance de la réciprocité. En maîtrisant ces stratégies, les leaders peuvent non seulement atteindre leurs objectifs, mais aussi inspirer et motiver leur équipe, favorisant ainsi un environnement de travail collaboratif et productif.

6.6 Gestion des Conflits et Négociation Approches pour gérer les conflits et négocier de manière constructive.

Abordons également la gestion des conflits et la négociation, des compétences essentielles pour tout leader. Les conflits sont inévitables dans tout environnement de travail, et la capacité à les gérer de manière constructive est cruciale pour maintenir une atmosphère de travail saine et productive. De même, la négociation est une compétence clé dans de nombreuses situations de leadership, qu'il s'agisse de discuter des termes d'un contrat, de résoudre des désaccords ou de parvenir à un consensus au sein d'une équipe.

Une approche efficace de la gestion des conflits implique d'abord de reconnaître et d'accepter la présence du conflit. Ignorer les conflits ou les éviter peut souvent aggraver la situation. Les leaders doivent être capables d'identifier les signes de conflit et d'intervenir de manière opportune. Cela implique d'écouter activement toutes les parties impliquées, de comprendre leurs points de vue et de reconnaître leurs émotions et préoccupations.

La communication ouverte et honnête est

essentielle dans la gestion des conflits. Les leaders doivent encourager un dialogue où chaque partie peut exprimer ses pensées et sentiments sans crainte de jugement ou de représailles. Cela implique de poser des questions ouvertes, de clarifier les malentendus et de chercher à comprendre les causes profondes du conflit. Une communication efficace peut aider à dénouer les tensions et à trouver des solutions mutuellement acceptables.

Dans les situations de négociation, les leaders doivent adopter une approche équilibrée, visant à trouver des solutions gagnant-gagnant. Cela signifie reconnaître et respecter les besoins et les intérêts de toutes les parties, tout en défendant fermement leurs propres objectifs. Les leaders doivent être préparés, avoir une bonne compréhension des enjeux et être capables de proposer des alternatives créatives qui peuvent satisfaire toutes les parties.

La gestion des émotions est un autre aspect crucial de la gestion des conflits et de la négociation. Les leaders doivent être capables de gérer leurs propres émotions et de rester calmes et objectifs, même dans des situations tendues. Ils doivent également être sensibles aux émotions des autres et éviter les réactions qui pourraient aggraver le conflit. L'empathie et la compréhension peuvent jouer un rôle clé dans la désescalade des tensions et la facilitation d'un dialogue constructif.

Enfin, les leaders doivent être prêts à faire des compromis et à trouver des solutions créatives. Dans la gestion des conflits et la négociation, il est rare que toutes les parties obtiennent exactement ce qu'elles veulent. Les leaders doivent donc être ouverts à explorer différentes options, à faire des concessions raisonnables et à encourager les autres à faire de même.

La gestion des conflits et la négociation nécessitent une reconnaissance et une intervention opportunes, une communication ouverte et honnête, une recherche de solutions gagnant-gagnant, une gestion efficace des émotions et une volonté de faire des compromis. En maîtrisant ces compétences, les leaders peuvent non seulement résoudre les conflits de manière constructive, mais aussi créer un environnement de travail plus harmonieux et collaboratif, où les différences sont gérées de manière productive et respectueuse.

6.7 Communication dans un Contexte Multiculturel Techniques pour naviguer dans la communication interculturelle et diversifiée.

Dans cette partie on traite de l'importance de la communication dans un contexte multiculturel, un aspect de plus en plus pertinent dans le monde globalisé d'aujourd'hui. Les leaders sont souvent confrontés à la tâche de communiquer efficacement avec des équipes diversifiées, composées de membres de différentes cultures, langues et antécédents. Naviguer dans la communication interculturelle nécessite sensibilité, compréhension et adaptation pour assurer que le message est non seulement transmis, mais aussi reçu et compris comme prévu.

Une technique clé pour améliorer la communication dans un contexte multiculturel est de développer une conscience culturelle. Cela implique de comprendre les différences culturelles qui peuvent influencer les styles de communication, les normes et les attentes. Les leaders doivent se familiariser avec les nuances culturelles, telles que les différences dans les expressions non verbales, les normes de politesse, les attitudes envers la hiérarchie et le conflit, et les styles de prise de décision. Cette compréhension peut aider à éviter les malentendus et à construire des relations plus solides.

La communication claire et simple est également essentielle dans un contexte multiculturel. Les leaders doivent s'efforcer de parler de manière concise et directe, en évitant le jargon, les idiomes et les expressions culturellement spécifiques qui pourraient ne pas être compris par tous les membres de l'équipe. L'utilisation de visuels, de démonstrations ou d'exemples peut également aider à surmonter les barrières linguistiques et à assurer que le message est clairement compris.

L'écoute active et l'empathie sont particulièrement importantes dans la communication interculturelle. Les leaders doivent être attentifs non seulement aux mots, mais aussi au contexte dans lequel ils sont dits. Cela implique de prêter attention aux indices non verbaux, de poser des questions pour clarifier les points d'ambiguïté et de montrer de l'empathie pour les perspectives et les expériences des autres. En étant des auditeurs attentifs et empathiques, les leaders peuvent mieux comprendre les besoins et les préoccupations de leurs équipes diversifiées.

La flexibilité et l'adaptabilité sont également cruciales. Les leaders doivent être prêts à adapter leur style de communication en fonction des besoins et des préférences de leur public. Cela peut impliquer de changer leur approche en fonction de la culture, de la langue ou du contexte spécifique. Les leaders doivent également être ouverts à apprendre et à s'ajuster en fonction des feedbacks et des expériences.

Enfin, encourager une culture de respect et d'inclusion est fondamental. Les leaders doivent promouvoir un environnement où la diversité est valorisée et où toutes les voix sont entendues et respectées. Cela implique de reconnaître et de célébrer les différences culturelles, de promouvoir l'équité et de s'assurer que tous les membres de l'équipe se sentent inclus et valorisés.

La communication efficace dans un contexte multiculturel nécessite une conscience culturelle, une communication claire et simple, une écoute active et empathique, une flexibilité et une adaptabilité, ainsi qu'une culture de respect et d'inclusion. En maîtrisant ces techniques, les leaders peuvent non seulement améliorer leur capacité à communiquer dans des contextes diversifiés, mais aussi renforcer la cohésion et l'efficacité de leurs équipes multiculturelles.

6.8 Communication en Temps de Crise Stratégies pour communiquer efficacement en temps de crise ou de changement.

Les crises, qu'elles soient internes ou externes, nécessitent une communication claire, cohérente et rassurante de la part des leaders. En période de crise ou de changement majeur, la manière dont un leader communique peut avoir un impact significatif sur la manière dont la situation est gérée et perçue par les équipes, les parties prenantes et le public.

Une stratégie essentielle pour la communication en temps de crise est la transparence. Les leaders doivent fournir des informations claires et précises sur la situation, en évitant de minimiser ou d'exagérer les problèmes. Cela implique de reconnaître les incertitudes et les limites des informations disponibles, tout en s'engageant à fournir des mises à jour régulières à mesure que de nouvelles informations deviennent disponibles. La transparence aide à construire la confiance et à réduire les rumeurs et la désinformation.

La communication rapide est également cruciale en temps de crise. Les leaders doivent s'efforcer de communiquer tôt et souvent, même si toutes les informations ne sont pas encore disponibles. Cela aide à établir le leader comme une source fiable d'informations et à prévenir la propagation de spéculations ou de fausses informations. Les messages doivent être diffusés rapidement sur les canaux appropriés pour atteindre toutes les parties concernées efficacement.

La cohérence des messages est un autre aspect important. Les leaders doivent s'assurer que les informations communiquées sont cohérentes à travers différents canaux et départements. Des messages contradictoires peuvent créer de la confusion et saper la crédibilité du leader. Pour cela, il peut être utile de développer des messages clés et de s'assurer que tous les membres de l'équipe de communication sont alignés sur ces messages.

L'empathie et le soutien sont essentiels dans la communication en temps de crise. Les leaders doivent reconnaître et répondre aux préoccupations et aux émotions de leur équipe et de leurs parties prenantes. Cela implique de montrer de la compréhension pour les impacts de la crise sur les individus et de fournir des informations sur les ressources et le soutien disponibles. Une communication empathique peut aider à apaiser les inquiétudes et à renforcer le moral.

Enfin, les leaders doivent être capables de fournir une direction claire et des actions concrètes. En temps de crise, les équipes cherchent à leurs leaders pour obtenir des orientations sur la manière de procéder. Les leaders doivent donc communiquer des plans d'action clairs, définir des attentes et des responsabilités, et guider leur équipe à travers les étapes nécessaires pour gérer la crise.

La communication efficace en temps de crise nécessite transparence, rapidité, cohérence, empathie et direction claire. En adoptant ces stratégies, les leaders peuvent non seulement gérer efficacement la crise, mais aussi maintenir la confiance et la stabilité au sein de leur organisation. Une communication bien gérée en temps de crise peut même renforcer la réputation et la résilience de l'organisation à long terme.

6.9 Utilisation des Médias et des Technologies Comment utiliser les médias et les technologies modernes pour améliorer la communication.

À l'ère numérique, les médias et les technologies offrent des moyens innovants et efficaces pour communiquer, engager et influencer. Pour les leaders, comprendre et utiliser judicieusement ces outils peut augmenter considérablement leur portée et leur impact.

L'un des principaux avantages des médias et technologies modernes est leur capacité à faciliter la communication rapide et à grande échelle. Les plateformes de médias sociaux, les blogs, les newsletters électroniques et les sites web permettent aux leaders de partager des informations, des mises à jour et des idées avec un large public en temps réel. Ces outils peuvent être utilisés pour communiquer la vision de l'entreprise, les actualités importantes, ou pour partager des réflexions et des insights qui renforcent la marque personnelle du leader et la culture de l'entreprise.

Les technologies de communication, telles

que les vidéoconférences, les messageries instantanées et les outils de collaboration en ligne, sont également essentielles pour maintenir la connectivité et la collaboration, surtout dans des équipes dispersées géographiquement. Ces outils permettent des interactions en temps réel, facilitent le partage d'informations et aident à maintenir un sentiment de proximité et de cohésion au sein des équipes.

En outre, les médias et technologies modernes offrent des opportunités uniques pour une communication personnalisée et ciblée. Les leaders peuvent utiliser des données et des analyses pour comprendre les préférences et les comportements de leur public, et adapter leur communication en conséquence. Cela peut impliquer de segmenter le public et de personnaliser les messages pour différents groupes, ou d'utiliser des feedbacks pour affiner les stratégies de communication.

Cependant, il est important pour les leaders de reconnaître les défis et les pièges potentiels associés à l'utilisation des médias et technologies. Cela inclut la gestion des risques liés à la sécurité des données, la protection de la vie privée et la propagation de fausses informations. Les leaders doivent également être conscients de l'impact de leur communication en ligne, car les messages peuvent être rapidement amplifiés et mal interprétés.

Enfin, les leaders doivent maintenir un équilibre entre la communication numérique et les interactions en face à face. Bien que les technologies offrent des moyens pratiques et efficaces de communiquer, elles ne peuvent pas remplacer entièrement la richesse et la profondeur des interactions personnelles. Les leaders doivent donc utiliser les médias et technologies comme des compléments à, et non des substituts de, la communication personnelle. L'utilisation des médias et des technologies modernes offre aux leaders des moyens puissants pour améliorer la communication. En exploitant ces outils pour une communication rapide, large, personnalisée et ciblée, tout en étant conscient des défis et en maintenant un équilibre avec les interactions en face à face, les leaders peuvent renforcer leur influence et leur efficacité dans un monde de plus en plus connecté.

6.10 Développer une Présence Charismatique Techniques pour développer et maintenir une présence charismatique et influente.

Abordons également l'importance de développer une présence charismatique pour les leaders.

Le charisme est une qualité puissante qui peut grandement renforcer l'influence d'un leader, inspirer et motiver les équipes, et faciliter la réalisation des objectifs organisationnels. Une présence charismatique n'est pas nécessairement innée ; elle peut être développée et affinée avec des techniques et des pratiques spécifiques.

L'un des aspects clés du développement d'une présence charismatique est la confiance en soi. Les leaders charismatiques dégagent une assurance naturelle qui inspire confiance et respect. Pour développer cette confiance, les leaders peuvent travailler sur leur auto-connaissance, reconnaître et valoriser leurs forces, et s'engager dans des activités qui renforcent leur sentiment de compétence et d'efficacité. La confiance peut également être renforcée par la préparation minutieuse et la maîtrise du sujet lors de la communication.

La communication non verbale joue également un rôle crucial dans le charisme. Un langage corporel ouvert, un contact visuel direct, et une expression faciale engageante peuvent renforcer la présence d'un leader. Les leaders doivent être conscients de leur posture, de leurs gestes et de leur expression faciale, et s'efforcer de les utiliser de manière à projeter la confiance, l'ouverture et l'accessibilité.

L'authenticité est un autre élément essentiel du charisme. Les leaders charismatiques sont perçus comme authentiques et sincères dans leurs interactions. Cela implique d'être fidèle à soi-même, de communiquer ses valeurs et croyances de manière transparente, et de montrer de la cohérence entre les paroles et les actions. L'authenticité aide à établir une connexion émotionnelle avec les autres, ce qui est un aspect clé du charisme.

La capacité à raconter des histoires est également importante pour développer une présence charismatique. Les leaders charismatiques sont souvent d'excellents conteurs, capables de captiver leur audience avec des histoires qui inspirent, éduquent ou divertissent. Les histoires peuvent être utilisées pour illustrer des points clés, partager des expériences, et transmettre des messages de manière mémorable et engageante.

Enfin, les leaders doivent cultiver la capacité d'inspirer et de motiver les autres. Cela implique de communiquer une vision claire et inspirante, de montrer de l'enthousiasme et de la passion pour les objectifs et les projets, et de reconnaître et valoriser les contributions des autres. Les leaders charismatiques sont capables de susciter l'enthousiasme et l'engagement de leur équipe, et de les motiver à atteindre des performances exceptionnelles.

Développer une présence charismatique implique de travailler sur la confiance en soi, de maîtriser la communication non verbale, d'être authentique, de raconter des histoires captivantes, et d'inspirer et de motiver les autres. En cultivant ces qualités et compétences, les leaders peuvent renforcer leur charisme et leur influence, ce qui est essentiel pour guider efficacement leurs équipes et atteindre les objectifs organisationnels.

6.11 Feedback Constructif et Coaching Importance du feedback constructif et des techniques de coaching pour améliorer la communication

Maintenant on souligne l'importance du feedback constructif et des techniques de coaching dans le développement des compétences de communication. Pour un leader, être capable de fournir un feedback constructif et d'employer des techniques de coaching efficaces est crucial pour le développement personnel et professionnel des membres de l'équipe, ainsi que pour l'amélioration de la communication au sein de l'organisation.

Le feedback constructif est un outil essentiel pour guider et améliorer les performances. Il diffère du feedback critique en ce qu'il est orienté vers des solutions et vise à encourager le développement plutôt que de simplement souligner les défauts ou les erreurs. Pour que le feedback soit constructif, il doit être spécifique, centré sur des comportements ou des actions plutôt que sur la personne, et il doit être donné dans un esprit de soutien. Les leaders doivent s'assurer que leur feedback est clair, direct et lié à des exemples concrets, ce qui permet à la personne de comprendre précisément ce qui doit être amélioré et comment.

Les techniques de coaching sont également vitales pour renforcer la communication et le développement des compétences au sein des équipes. Le coaching implique d'aider les individus à explorer leurs compétences et leurs potentiels, à surmonter les obstacles et à atteindre leurs objectifs personnels et professionnels. Contrairement à la direction traditionnelle, le coaching est moins prescriptif et plus axé sur l'écoute et la facilitation de la réflexion personnelle. Les leaders-coachs posent des questions ouvertes, encouragent l'exploration de nouvelles idées et perspectives, et soutiennent les membres de l'équipe dans la définition et la poursuite de leurs objectifs.

Une technique de coaching efficace est l'écoute active, qui implique d'écouter attentivement, de réfléchir et de répondre de manière à montrer une compréhension profonde des préoccupations et des idées de l'autre personne. Cela permet non seulement de clarifier et de résoudre les problèmes, mais aussi de renforcer la confiance et le respect mutuel. De plus, le coaching implique souvent de fixer des objectifs clairs et réalisables, de fournir des ressources et des soutiens appropriés, et de suivre régulièrement les progrès.

Le feedback constructif et le coaching nécessitent une approche équilibrée entre soutien et défi. Les leaders doivent encourager et motiver, tout en poussant les individus à sortir de leur zone de confort et à s'engager dans un apprentissage et un développement continus. Cela implique de reconnaître et de célébrer les succès, tout en étant honnête et direct sur les domaines nécessitant une amélioration.

Le feedback constructif et les techniques de coaching sont des outils essentiels pour les leaders souhaitant améliorer la communication et favoriser le développement de leur équipe. En fournissant un feedback clair, spécifique et orienté vers des solutions, et en employant des techniques de coaching centrées sur l'écoute et le développement personnel, les leaders peuvent non seulement améliorer les performances individuelles, mais aussi renforcer la cohésion et l'efficacité de l'équipe dans son ensemble.

CHAPITRE 7 : GESTION DES ÉMOTIONS ET RÉSILIENCE

"La musique n'est pas dans les notes, mais dans le silence entre elles."

Wolfgang Amadeus Mozart

7.1 Comprendre l'Intelligence Émotionnelle Exploration du concept d'intelligence émotionnelle et son importance pour les leaders doués. .

Ce chapitre se penche sur le concept d'intelligence émotionnelle, un élément crucial pour les leaders doués. L'intelligence émotionnelle, souvent abrégée en EQ (Emotional Quotient), se réfère à la capacité de reconnaître, comprendre et gérer ses propres émotions, ainsi que celles des autres. Pour les leaders, en particulier ceux qui sont doués, développer une intelligence émotionnelle élevée est essentiel pour naviguer efficacement dans les complexités des relations humaines et pour mener leurs équipes avec empathie et compréhension.

L'intelligence émotionnelle comprend plusieurs composantes clés. La première est la conscience de soi, qui est la capacité de reconnaître et de comprendre ses propres émotions, leurs déclencheurs et leurs effets. Les leaders doués avec une forte conscience de soi sont capables de comprendre comment leurs émotions influencent leur comportement et leurs décisions, et peuvent utiliser cette compréhension pour agir de manière plus réfléchie et intentionnelle.

La deuxième composante est la régulation émotionnelle, qui se réfère à la capacité de gérer et de contrôler ses propres émotions. Cela implique de pouvoir calmer soi-même lorsqu'on est bouleversé, de canaliser les émotions négatives de manière constructive, et de rester équilibré et efficace même dans des situations stressantes ou difficiles. Pour les leaders doués, la régulation émotionnelle est essentielle pour maintenir une prise de décision claire et pour modéliser un comportement calme et maîtrisé pour leur équipe.

La troisième composante est l'empathie, ou la capacité de comprendre et de partager les sentiments des autres. L'empathie permet aux leaders de se connecter avec leurs équipes sur un plan plus profond, de comprendre leurs motivations et leurs préoccupations, et de répondre de manière appropriée. Pour les leaders doués, l'empathie est un outil puissant pour construire des relations de confiance, pour motiver et pour gérer efficacement les conflits.

La dernière composante est les compétences sociales, qui comprennent la capacité de naviguer et de gérer les relations, de communiquer efficacement, et de persuader et d'influencer les autres. Les leaders doués avec de fortes compétences sociales sont capables de créer des réseaux de soutien, de collaborer efficacement et de diriger leurs équipes vers des objectifs communs.

L'intelligence émotionnelle est un aspect fondamental du leadership efficace, en particulier pour les leaders doués. En développant une conscience de soi, une régulation émotionnelle, de l'empathie et des compétences sociales, les leaders peuvent non seulement améliorer leur propre performance, mais aussi créer un environnement de travail plus harmonieux, empathique et productif. L'intelligence émotionnelle permet aux leaders de comprendre et de répondre aux besoins émotionnels de leur équipe, de gérer les défis avec grâce et de construire des relations solides et durables.

7.2 Auto-conscience et Auto-régulation Techniques pour développer l'auto-conscience et l'auto-régulation émotionnelle.

Ce chapitre met aussi l'accent sur le développement de l'auto-conscience et de l'auto-régulation émotionnelle, deux composantes essentielles de l'intelligence émotionnelle. Pour les leaders, en particulier ceux qui sont doués, cultiver ces compétences est crucial pour gérer efficacement leurs propres émotions et pour influencer positivement ceux qui les entourent.

L'auto-conscience émotionnelle implique une compréhension profonde de ses propres émotions, de leurs déclencheurs et de leurs impacts sur le comportement et la prise de décision. Pour développer l'auto-conscience, les leaders peuvent commencer par pratiquer la réflexion régulière. Cela peut impliquer de tenir un journal émotionnel, où ils notent leurs réactions émotionnelles à différents événements et cherchent à comprendre les raisons sous-jacentes de ces réactions. La méditation et la pleine conscience sont également des techniques efficaces pour améliorer la conscience de soi, car elles encouragent la concentration sur le moment présent et une prise de conscience accrue des pensées et des sentiments internes.

L'auto-régulation émotionnelle, quant à elle, se réfère à la capacité de gérer et de contrôler ses propres émotions, en particulier dans des situations stressantes ou difficiles. Pour améliorer l'auto-régulation, les leaders peuvent adopter des techniques de gestion du stress, telles que la respiration profonde, la relaxation progressive des muscles ou l'exercice physique régulier. Ces pratiques aident à réduire les niveaux de stress et à maintenir un état émotionnel équilibré.

Une autre technique pour l'auto-régulation est la pratique de la réflexion avant de réagir. Lorsqu'ils sont confrontés à des situations émotionnellement chargées, les leaders peuvent prendre un moment pour faire une pause et réfléchir avant de répondre. Cela leur permet d'évaluer la situation de manière plus objective, de considérer différentes options de réponse et d'éviter des réactions impulsives ou émotionnelles.

La mise en place de systèmes de soutien est également bénéfique pour l'auto-régulation émotionnelle. Cela peut inclure la recherche de feedbacks et de conseils de mentors, de collègues ou de coachs professionnels. Avoir des personnes de confiance avec qui discuter des défis et des préoccupations peut offrir de nouvelles perspectives, des conseils utiles et un soutien émotionnel.

Enfin, les leaders doivent reconnaître l'importance de l'équilibre entre vie professionnelle et vie privée. Prendre du temps pour des activités de loisirs, des hobbies, des interactions sociales et du repos est essentiel pour maintenir un bien-être émotionnel. Un équilibre sain aide à prévenir l'épuisement professionnel et à maintenir une perspective positive.

Développer l'auto-conscience et l'auto-régulation émotionnelle implique de pratiquer la réflexion régulière, d'adopter des techniques de gestion du stress, de réfléchir avant de réagir, de mettre en place des systèmes de soutien et de maintenir un équilibre entre vie professionnelle et vie privée. En cultivant ces compétences, les leaders peuvent non seulement gérer leurs propres émotions de manière plus efficace, mais aussi servir de modèles positifs pour leur équipe, favorisant ainsi un environnement de travail plus sain et plus productif.

7.3 Empathie et Relations Sociales Stratégies pour cultiver l'empathie et améliorer les compétences relationnelles.

Maintenant on explore l'importance de l'empathie et des compétences relationnelles dans le leadership. L'empathie, la capacité de comprendre et de partager les sentiments d'autrui, est une compétence clé pour les leaders, car elle permet de créer des liens profonds et significatifs avec les membres de l'équipe et d'autres parties prenantes. De même, des compétences relationnelles solides sont essentielles pour bâtir et maintenir des relations de travail efficaces et harmonieuses.

Pour cultiver l'empathie, les leaders doivent d'abord s'efforcer de développer une écoute active. Cela implique de se concentrer pleinement sur l'orateur, de comprendre le message dans son contexte et de répondre de manière appropriée. L'écoute active montre que le leader valorise les pensées et les sentiments de l'autre personne, ce qui est un aspect fondamental de l'empathie. Les leaders peuvent également pratiquer la reformulation des sentiments et des idées exprimés par l'autre personne pour démontrer leur compréhension et leur engagement.

Une autre stratégie pour améliorer l'empathie est de se mettre consciemment à la place de l'autre. Cela implique d'essayer de voir les situations du point de vue de l'autre personne, en tenant compte de ses expériences, de son contexte et de ses émotions. Cette perspective peut aider les leaders à comprendre les motivations et les préoccupations sous-jacentes de leurs interlocuteurs, ce qui est crucial pour une communication et une prise de décision efficaces.

En ce qui concerne les compétences relationnelles, les leaders doivent être conscients de l'importance de la communication non verbale. Le langage corporel, le contact visuel, l'expression faciale et le ton de la voix jouent tous un rôle important dans la manière dont les messages sont perçus. Les leaders doivent s'efforcer de projeter une communication non verbale qui est ouverte, accueillante et réceptive, ce qui peut renforcer la confiance et la connexion avec les autres.

La gestion des conflits est également une compétence relationnelle clé. Les leaders doivent être capables de reconnaître et de gérer les conflits de manière constructive. Cela implique de comprendre les différentes perspectives, de trouver des terrains d'entente et de travailler vers des solutions qui respectent les besoins de toutes les parties. Une gestion efficace des conflits peut non seulement résoudre les problèmes, mais aussi renforcer les relations en montrant un engagement envers la collaboration et le respect mutuel.

Enfin, les leaders doivent pratiquer et encourager la rétroaction positive. Reconnaître et apprécier les contributions des autres renforce les relations et crée un environnement de travail positif. Les leaders doivent chercher des occasions de fournir des feedbacks constructifs et de célébrer les succès, grands et petits, ce qui peut renforcer la motivation et l'engagement de l'équipe.

Cultiver l'empathie et améliorer les compétences relationnelles implique de pratiquer l'écoute active, de se mettre à la place de l'autre, de maîtriser la communication non verbale, de gérer efficacement les conflits et de fournir des feedbacks positifs. En développant ces compétences, les leaders peuvent non seulement améliorer leurs relations avec les membres de l'équipe et d'autres parties prenantes, mais aussi créer un environnement de travail plus collaboratif, respectueux et productif.

7.4 Gestion du Stress et de l'Anxiété Approches pour gérer le stress et l'anxiété, souvent présents chez les personnes douées.

Abordons maintenant la gestion du stress et de l'anxiété, des défis courants pour les personnes douées, y compris les leaders. Les personnes douées peuvent être particulièrement sensibles au stress et à l'anxiété en raison de leur forte conscience, de leur perfectionnisme et de leur tendance à l'auto-analyse. Pour les leaders, gérer efficacement leur propre stress et anxiété est crucial non seulement pour leur bien-être personnel, mais aussi pour maintenir un environnement de travail sain et productif.

Une stratégie clé pour gérer le stress et l'anxiété est la pratique de la pleine conscience et de la méditation. Ces techniques aident à se concentrer sur le moment présent et à réduire les pensées anxieuses concernant le passé ou l'avenir. La méditation peut prendre de nombreuses formes, y compris la méditation guidée, la méditation en pleine conscience ou simplement des moments de calme et de réflexion. La pratique régulière de la méditation a été démontrée pour réduire le stress, améliorer la concentration et augmenter la résilience émotionnelle.

L'exercice physique est également un outil efficace pour gérer le stress et l'anxiété. L'activité physique régulière, qu'il s'agisse de marche, de course, de natation, de yoga ou de tout autre sport, peut aider à libérer les tensions, à améliorer l'humeur et à augmenter les niveaux d'énergie. L'exercice agit comme un exutoire naturel pour le stress et favorise un sentiment général de bien-être.

Une autre approche importante est la gestion du temps et des priorités. Les personnes douées, en particulier dans des rôles de leadership, peuvent se sentir submergées par leurs responsabilités et leurs aspirations élevées. Apprendre à fixer des priorités réalistes, à déléguer des tâches et à dire non à des engagements non essentiels peut aider à réduire le stress et à éviter l'épuisement professionnel. Il est également important de planifier des pauses régulières et du temps pour la détente et les loisirs.

La communication et le soutien social sont également essentiels pour gérer le stress et l'anxiété. Parler de ses préoccupations et de ses sentiments avec des amis de confiance, des membres de la famille ou des collègues peut offrir un soulagement et de nouvelles perspectives. Les leaders peuvent également bénéficier de l'engagement dans des groupes de soutien professionnels ou de la recherche de conseils auprès de mentors ou de coachs.

Enfin, il est important pour les leaders de développer une perspective positive et résiliente. Cela implique de se concentrer sur les solutions plutôt que sur les problèmes, d'apprendre de l'échec et de voir les défis comme des opportunités de croissance. Cultiver la gratitude et reconnaître les aspects positifs de sa vie et de son travail peut également aider à atténuer le stress et à favoriser une attitude plus optimiste.

La gestion du stress et de l'anxiété pour les personnes douées et les leaders implique la pratique de la pleine conscience et de la méditation, l'exercice physique régulier, une gestion efficace du temps et des priorités, une communication ouverte et un soutien social, ainsi que le développement d'une perspective positive et résiliente. En adoptant ces stratégies, les leaders peuvent non seulement gérer leur propre stress et anxiété de manière plus efficace, mais aussi servir de modèles positifs pour leur équipe, favorisant ainsi un environnement de travail plus sain et plus équilibré.

7.5 Résilience Face aux Échecs et aux Critiques Techniques pour développer la résilience face aux échecs et aux critiques.

Traitons maintenant de l'importance de la résilience face aux échecs et aux critiques, un aspect crucial du leadership, en particulier pour les personnes douées. Les leaders, en raison de leur position, sont souvent confrontés à des défis, des revers et des critiques. Pour eux, développer une résilience face à ces situations est essentiel pour maintenir leur efficacité et leur bien-être.

La résilience face aux échecs commence par la reconnaissance que l'échec est une partie inévitable du processus de croissance et d'apprentissage. Les leaders résilients voient les échecs non pas comme des reflets de leur valeur personnelle, mais comme des opportunités d'apprendre et de s'améliorer. Ils adoptent une mentalité de croissance, croyant que les compétences et les capacités peuvent être développées par le dévouement et le travail acharné. Après un échec, ils prennent le temps de réfléchir sur ce qui s'est passé, d'identifier les leçons apprises et de planifier des stratégies pour éviter des erreurs similaires à l'avenir.

Face aux critiques, la résilience implique de distinguer entre les critiques constructives et les commentaires négatifs ou non fondés. Les leaders résilients écoutent attentivement les critiques constructives, cherchent à comprendre les perspectives des autres et utilisent ces informations pour améliorer leur performance. En même temps, ils apprennent à ne pas prendre personnellement les critiques non constructives ou malveillantes, en reconnaissant que certaines critiques peuvent être motivées par des facteurs qui n'ont rien à voir avec leurs actions ou leurs compétences.

Une autre technique pour développer la résilience est de renforcer le soutien social. Avoir un réseau de collègues, de mentors, d'amis et de membres de la famille sur lesquels s'appuyer peut fournir un soutien émotionnel et pratique important. Ces relations offrent une perspective extérieure, du réconfort et des conseils, ce qui peut être particulièrement utile dans les moments difficiles.

La gestion des émotions est également un

aspect clé de la résilience. Les leaders doivent être capables de gérer leurs propres réactions émotionnelles face aux échecs et aux critiques. Cela peut impliquer des techniques de relaxation, comme la respiration profonde ou la méditation, pour aider à calmer l'esprit et à réduire le stress. La capacité à rester calme et à maintenir une perspective équilibrée est essentielle pour prendre des décisions réfléchies et pour continuer à avancer.

Enfin, la résilience implique de maintenir un engagement envers les objectifs personnels et professionnels. Les leaders résilients restent concentrés sur leurs visions à long terme, malgré les revers temporaires. Ils sont persistants dans la poursuite de leurs objectifs et sont prêts à s'adapter et à changer de stratégie si nécessaire. Cette persévérance, combinée à une volonté d'apprendre et de s'adapter, est la clé pour surmonter les défis et réussir à long terme.

Développer la résilience face aux échecs et aux critiques implique de voir les échecs comme des opportunités d'apprentissage, de gérer les critiques de manière constructive, de renforcer le soutien social, de gérer efficacement les émotions et de rester engagé envers ses objectifs. En cultivant ces compétences, les leaders peuvent non seulement surmonter les défis et les revers, mais aussi en sortir plus forts, plus sages et mieux équipés pour les défis futurs.

7.6 Leadership Positif et Gestion des Émotions Comment un leadership positif peut influencer la gestion des émotions au sein d'une équipe.

Il est temps d'examiner comment un leadership positif peut influencer de manière significative la gestion des émotions au sein d'une équipe. Le leadership positif ne se limite pas à adopter une attitude optimiste ; il s'agit plutôt d'une approche globale qui vise à inspirer, à motiver et à soutenir les membres de l'équipe, tout en favorisant un environnement de travail positif et résilient.

Un aspect clé du leadership positif est la capacité à instaurer un climat de confiance et d'ouverture. Les leaders qui communiquent de manière transparente, qui montrent de l'empathie et qui sont accessibles encouragent leurs équipes à partager leurs pensées et leurs sentiments sans crainte de jugement. Cette ouverture favorise un environnement où les émotions peuvent être exprimées et gérées de manière constructive, ce qui est essentiel pour le bien-être émotionnel et la santé mentale de l'équipe.

Le leadership positif implique également de reconnaître et de valoriser les contributions de chaque membre de l'équipe. En célébrant les succès, en reconnaissant les efforts et en fournissant des feedbacks constructifs, les leaders peuvent renforcer l'estime de soi et la motivation de leurs équipes. Cette reconnaissance aide à créer un sentiment d'appartenance et de valeur, ce qui est crucial pour le moral et l'engagement de l'équipe.

Un autre élément du leadership positif est la capacité à inspirer et à motiver. Les leaders positifs partagent une vision claire et inspirante, communiquent avec passion et enthousiasme, et encouragent leurs équipes à atteindre leur plein potentiel. Ils sont également adeptes de la fixation d'objectifs réalistes et stimulants, offrant ainsi à leurs équipes des défis motivants tout en évitant le stress et l'anxiété liés à des attentes irréalistes.

La gestion des émotions dans le cadre du leadership positif implique également de développer une culture de résilience. Les leaders doivent modéliser des comportements résilients, tels que la flexibilité face au changement, l'apprentissage continu et la capacité à rebondir après des échecs. En partageant leurs propres expériences de surmontage des défis et en soutenant leurs équipes dans les moments difficiles, les leaders peuvent aider à développer une mentalité résiliente au sein de l'équipe.

Enfin, les leaders positifs sont attentifs à l'équilibre entre vie professionnelle et vie privée et encouragent leurs équipes à prendre soin de leur bien-être. Ils reconnaissent que le stress et la fatigue peuvent avoir un impact négatif sur la performance et le moral, et ils mettent en place des politiques et des pratiques pour soutenir un mode de vie équilibré. Cela peut inclure des horaires de travail flexibles, des pauses régulières et la promotion d'activités de bien-être.

Le leadership positif joue un rôle crucial dans la gestion des émotions au sein d'une équipe. En instaurant un climat de confiance et d'ouverture, en valorisant les contributions, en inspirant et en motivant, en développant la résilience et en soutenant l'équilibre entre vie professionnelle et vie privée, les leaders peuvent créer un environnement de travail où les émotions sont gérées de manière saine et constructive. Cette approche positive non seulement améliore le bien-être émotionnel de l'équipe, mais contribue également à une performance et une productivité accrues.

7.7 Communication Émotionnelle Efficace

Développer des compétences pour une communication émotionnelle claire et efficace.

Ce chapitre met aussi en lumière l'importance

de développer des compétences pour une communication émotionnelle claire et efficace. Dans le cadre du leadership, la capacité de communiquer ses propres émotions et de répondre de manière appropriée aux émotions des autres est essentielle pour créer un environnement de travail sain et pour établir des relations de confiance et de respect.

Une communication émotionnelle efficace commence par la conscience de soi. Les leaders doivent être capables de reconnaître et de comprendre leurs propres émotions, ainsi que la manière dont ces émotions influencent leur communication et leur comportement. Cela implique de prendre du temps pour réfléchir à ses réactions émotionnelles, d'identifier les déclencheurs émotionnels et de comprendre les effets de ces émotions sur les interactions avec les autres. Une telle conscience de soi permet aux leaders de gérer leurs émotions de manière proactive et de communiquer de manière plus intentionnelle et maîtrisée.

La régulation émotionnelle est également un aspect crucial de la communication émotionnelle. Les leaders doivent être capables de gérer leurs émotions, en particulier dans des situations stressantes ou conflictuelles. Cela peut impliquer des techniques de gestion du stress, comme la respiration profonde ou la méditation, pour aider à calmer les émotions et à maintenir une communication claire et réfléchie. La capacité à rester calme et centré permet aux leaders de répondre plutôt que de réagir impulsivement, ce qui est essentiel pour une communication efficace.

L'empathie joue un rôle majeur dans la communication émotionnelle. Les leaders doivent être capables de comprendre et de partager les émotions des autres, en se mettant à leur place et en reconnaissant leurs sentiments. Cela implique d'écouter activement, de poser des questions pour clarifier les émotions exprimées et de répondre de manière empathique. Une communication empathique renforce les relations, montre un respect et une compréhension des perspectives des autres et favorise un environnement de travail collaboratif et respectueux.

La communication émotionnelle efficace implique également d'exprimer ses propres émotions de manière appropriée. Les leaders doivent être capables de partager leurs sentiments de manière ouverte et honnête, tout en maintenant le professionnalisme et le respect. Cela peut impliquer de communiquer des frustrations de manière constructive, de partager des inquiétudes sans créer d'alarmisme et de montrer de l'enthousiasme et de la passion de manière contagieuse.

Enfin, les leaders doivent être attentifs à la communication non verbale, qui joue un rôle important dans la transmission des émotions.

Le langage corporel, l'expression faciale et le ton de la voix doivent être cohérents avec le message verbal. Une communication non verbale congruente renforce la crédibilité et l'authenticité du leader, et aide à transmettre les émotions de manière claire et efficace.

Développer des compétences pour une communication émotionnelle efficace implique de cultiver la conscience de soi, la régulation émotionnelle, l'empathie, l'expression appropriée des émotions et une attention à la communication non verbale. En maîtrisant ces compétences, les leaders peuvent améliorer non seulement leur propre communication, mais aussi créer un environnement de travail plus empathique, ouvert et respectueux, où les émotions sont gérées de manière saine et constructive.

7.8 Équilibre Émotionnel et Bien-être Importance de maintenir un équilibre émotionnel pour le bien-être personnel et professionnel.

Il est temps de souligner l'importance de maintenir un équilibre émotionnel pour le bien-être personnel et professionnel. Dans le monde du leadership, où les pressions et les défis sont constants, maintenir un équilibre émotionnel est essentiel non seulement pour la santé mentale et le bien-être du leader, mais aussi pour l'efficacité et la productivité de l'équipe.

Un équilibre émotionnel implique de gérer efficacement un large éventail d'émotions, en évitant les extrêmes de répression émotionnelle ou d'expression excessive. Cela nécessite une conscience de soi et une compréhension des propres émotions, ainsi qu'une capacité à les réguler de manière appropriée. Les leaders doivent reconnaître leurs émotions, comprendre leurs impacts sur leur comportement et apprendre à les gérer de manière à maintenir leur efficacité et leur jugement.

La gestion du stress est un aspect crucial de l'équilibre émotionnel. Les leaders doivent développer des stratégies pour gérer le stress quotidien, telles que la pratique régulière d'exercices physiques, la méditation, la pleine conscience ou d'autres techniques de relaxation. Ces pratiques aident non seulement à réduire le stress, mais aussi à améliorer la concentration, la clarté d'esprit et la prise de décision.

Un équilibre entre vie professionnelle et vie privée est également essentiel pour le bien-être émotionnel. Les leaders doivent veiller à ne pas laisser le travail empiéter sur leur temps personnel et leurs relations. Cela implique de fixer des limites claires entre le travail et la vie personnelle, de prendre du temps pour des loisirs, des activités sociales et du repos, et de s'engager dans des activités qui apportent de la joie et de la satisfaction en dehors du travail.

La création d'un réseau de soutien solide est également importante pour l'équilibre émotionnel. Les leaders doivent cultiver des relations avec des collègues, des mentors, des amis et des membres de la famille sur lesquels ils peuvent compter pour obtenir des conseils, du soutien et une perspective extérieure. Ces relations offrent un soutien émotionnel, réduisent le sentiment d'isolement et fournissent un espace pour partager des préoccupations et des défis.

Enfin, il est important pour les leaders de pratiquer l'autocompassion et de reconnaître leurs propres limites. Cela implique de se traiter avec gentillesse et compréhension, de reconnaître que l'échec et les erreurs font partie de l'expérience humaine, et de ne pas être trop dur avec soi-même. L'autocompassion aide à maintenir une perspective positive et à se remettre plus rapidement des revers et des défis.

Maintenir un équilibre émotionnel est crucial pour le bien-être personnel et professionnel des leaders. En gérant efficacement le stress, en équilibrant le travail et la vie personnelle, en construisant un réseau de soutien, et en pratiquant l'autocompassion, les leaders peuvent non seulement améliorer leur propre santé mentale et émotionnelle, mais aussi servir de modèles positifs pour leur équipe, favorisant ainsi un environnement de travail plus sain et plus productif.

7.9 Développement de la Résilience Personnelle Stratégies pour renforcer la résilience personnelle face aux défis du leadership.

Abordons le développement de la résilience personnelle, une compétence essentielle pour les leaders confrontés à des défis constants. La résilience personnelle se réfère à la capacité de rebondir face aux adversités, de s'adapter aux changements et de continuer à avancer malgré les obstacles et les revers. Pour les leaders, renforcer leur résilience personnelle est crucial non seulement pour leur propre bien-être, mais aussi pour maintenir une direction efficace et inspirante pour leurs équipes.

Une stratégie clé pour développer la résilience personnelle est de cultiver une mentalité de croissance. Les leaders résilients voient les défis et les échecs non pas comme des obstacles insurmontables, mais comme des opportunités d'apprentissage et de développement. Ils croient que leurs compétences et capacités peuvent être améliorées avec l'effort et la persévérance. Cette perspective les aide à rester motivés et engagés, même face à des difficultés.

La gestion proactive du stress est également essentielle pour la résilience. Les leaders doivent identifier les sources de stress dans leur vie et adopter des stratégies efficaces pour les gérer. Cela peut inclure des techniques de relaxation comme la méditation ou le yoga, des activités physiques régulières, ou la mise en place de routines qui favorisent le bien-être. Apprendre à reconnaître les signes de stress et à intervenir tôt peut empêcher l'accumulation de stress et maintenir un équilibre émotionnel.

Le développement de réseaux de soutien solides est un autre aspect important de la résilience personnelle. Les leaders doivent s'entourer de personnes de confiance, qu'il s'agisse de collègues, de mentors, d'amis ou de membres de la famille, qui peuvent offrir du soutien, des conseils et une perspective extérieure. Ces réseaux fournissent un soutien émotionnel et pratique, réduisant ainsi le sentiment d'isolement et augmentant la capacité à gérer les défis.

La pratique de l'autoréflexion est également bénéfique pour la résilience. Les leaders résilients prennent régulièrement du temps pour réfléchir sur leurs expériences, évaluer leurs réactions et apprendre de leurs erreurs. Cette autoréflexion permet de gagner en clarté, de renforcer l'apprentissage et d'ajuster les stratégies pour de meilleures performances à l'avenir.

Enfin, il est important pour les leaders de reconnaître et de célébrer leurs succès et leurs progrès. Se concentrer sur les réalisations positives, même petites, peut renforcer la confiance en soi et fournir la motivation nécessaire pour surmonter les défis futurs. La reconnaissance des efforts et des réussites aide à maintenir une perspective positive et à renforcer la résilience personnelle.

Renforcer la résilience personnelle implique de cultiver une mentalité de croissance, de gérer activement le stress, de développer des réseaux de soutien, de pratiquer l'autoréflexion et de célébrer les succès. En développant ces stratégies, les leaders peuvent non seulement améliorer leur capacité à gérer les défis et les revers, mais aussi inspirer et guider efficacement leurs équipes à travers des périodes difficiles.

7.10 Mindfulness et Techniques de Relaxation Utilisation de la pleine conscience et d'autres techniques de relaxation pour gérer les émotions

Je vous invite à explorer l'utilisation de la pleine conscience (mindfulness) et d'autres techniques de relaxation comme moyens efficaces pour gérer les émotions, en particulier dans les rôles de leadership. La pleine conscience et la relaxation ne sont pas seulement des outils pour réduire le stress, mais aussi des moyens de cultiver une plus grande conscience de soi, une meilleure régulation émotionnelle et une présence plus centrée et calme.

La pleine conscience implique de porter une attention intentionnelle et non jugeante au moment présent. Pour les leaders, pratiquer la pleine conscience peut signifier prendre quelques minutes chaque jour pour se concentrer sur leur respiration, observer leurs pensées et sensations sans jugement, ou simplement être pleinement présents dans l'activité en cours. Cette pratique aide à développer une plus grande conscience de soi, permettant aux leaders de reconnaître et de gérer leurs émotions plus efficacement. Elle favorise également la clarté d'esprit et la concentration, ce qui est essentiel pour la prise de décision et la gestion des tâches complexes.

En plus de la pleine conscience, diverses techniques de relaxation peuvent être utilisées pour gérer les émotions. La relaxation progressive des muscles, par exemple, implique de contracter puis de relâcher systématiquement différents groupes musculaires, ce qui peut aider à réduire la tension physique et mentale. La respiration profonde est une autre technique simple mais puissante ; en se concentrant sur des respirations lentes et profondes, les leaders peuvent calmer le système nerveux, réduire le stress et retrouver un état d'équilibre émotionnel.

La méditation est également une pratique bénéfique pour la gestion des émotions. Elle peut prendre diverses formes, allant de la méditation guidée à la méditation sur la pleine conscience ou la méditation transcendantale. La méditation régulière a été liée à une réduction du stress, à une amélioration de la santé émotionnelle et à une augmentation de la résilience face aux défis.

Les activités physiques, telles que le yoga ou les exercices légers, peuvent également servir de techniques de relaxation. Ces activités combinent souvent le mouvement physique avec une attention consciente, offrant ainsi un double bénéfice de détente corporelle et de clarté mentale. Le yoga, en particulier, est reconnu pour ses effets bénéfiques sur la réduction du stress et l'amélioration de la flexibilité émotionnelle.

Enfin, il est important pour les leaders de créer des routines régulières intégrant ces pratiques. Que ce soit en commençant la journée par une séance de méditation, en prenant des pauses courtes pour des exercices de respiration tout au long de la journée, ou en pratiquant le yoga ou la relaxation progressive des muscles en fin de journée, l'intégration de ces techniques dans la routine quotidienne peut grandement contribuer à une meilleure gestion des émotions et à un bien-être général.

L'utilisation de la pleine conscience et d'autres techniques de relaxation est un moyen efficace pour les leaders de gérer leurs émotions, de réduire le stress et d'améliorer leur bien-être général. En développant une pratique régulière de ces techniques, les leaders peuvent non seulement améliorer leur propre santé émotionnelle, mais aussi devenir des modèles de calme et de résilience pour leurs équipes.

CHAPITRE 8 : LEADERSHIP ÉTHIQUE ET RESPONSABLE

"Ce n'est pas le plus fort des espèces qui survit, ni le plus intelligent, mais celui qui est le plus adaptable au changement."

Charles Darwin

8.1 Fondements du Leadership Éthique Exploration des principes et valeurs qui sous-tendent un leadership éthique.

Ce chapitre se concentre sur les fondements du leadership éthique, un aspect crucial pour les leaders qui aspirent à influencer positivement leurs organisations et la société dans son ensemble. Le leadership éthique va au-delà de la simple conformité aux lois et réglementations ; il s'agit d'incarner des principes et des valeurs qui favorisent l'intégrité, la justice et le respect pour tous les individus et communautés concernés.

Au cœur du leadership éthique se trouve l'intégrité, qui implique une adhésion cohérente à des principes moraux solides, tels que l'honnêteté, la transparence et la fiabilité. Les leaders éthiques agissent de manière congruente avec leurs valeurs, même en l'absence de surveillance ou de reconnaissance. Ils sont fiables et leurs actions sont prévisibles et cohérentes, ce qui renforce la confiance au sein de leur équipe et de leurs parties prenantes.

La responsabilité est un autre pilier du leadership éthique. Les leaders éthiques assument la responsabilité de leurs décisions et de leurs actions, y compris leurs erreurs ou échecs. Ils sont ouverts au feedback et prêts à faire des ajustements nécessaires pour améliorer leur performance et celle de leur organisation. Cette responsabilité s'étend également à l'impact de leurs décisions sur les employés, les clients, l'environnement et la société dans son ensemble.

Le respect pour les autres est également fondamental dans le leadership éthique. Cela signifie traiter chaque personne avec dignité et équité, indépendamment de son statut ou de ses antécédents. Les leaders éthiques valorisent la diversité, encouragent l'inclusion et s'efforcent de créer un environnement de travail où chaque voix est entendue et valorisée. Ils reconnaissent que chaque individu a des contributions uniques à offrir et que le respect mutuel est essentiel pour bâtir des relations solides et durables.

La justice est un autre aspect clé du leadership éthique. Les leaders éthiques s'efforcent d'assurer l'équité dans leurs décisions et actions, en traitant les individus de manière équitable et en rectifiant les inégalités ou les injustices lorsqu'elles sont identifiées. Ils s'engagent à prendre des décisions qui bénéficient non seulement à leur organisation, mais aussi à l'ensemble de la communauté, en tenant compte des impacts sociaux et environnementaux.

Enfin, le leadership éthique implique un engagement envers le service et le bien-être des autres. Les leaders éthiques placent les intérêts des autres avant les leurs, en cherchant à servir leurs équipes, leurs clients et leur communauté. Ils reconnaissent que leur rôle en tant que leader est de contribuer positivement à la société et de laisser un héritage durable de bien-être et de progrès.

Les fondements du leadership éthique comprennent l'intégrité, la responsabilité, le respect, la justice et un engagement envers le service. En incarnant ces principes et valeurs, les leaders éthiques peuvent non seulement guider leurs organisations vers le succès, mais aussi contribuer à la création d'un monde plus juste, équitable et durable.

8.2 Responsabilité Sociale et Leadership Comprendre l'importance de la responsabilité sociale dans le leadership moderne.

Abordons l'importance croissante de la responsabilité sociale dans le leadership moderne. Dans un monde de plus en plus interconnecté et conscient des enjeux sociaux et environnementaux, les leaders sont appelés à adopter une approche qui va au-delà de la simple recherche du profit et du succès organisationnel. La responsabilité sociale implique une prise de conscience et une action proactive pour contribuer positivement à la société et à l'environnement, tout en menant des activités commerciales.

La responsabilité sociale dans le leadership se manifeste de plusieurs manières. Tout d'abord, elle implique de reconnaître l'impact que les décisions et actions d'une organisation peuvent avoir sur la communauté et l'environnement. Les leaders responsables évaluent les conséquences sociales et environnementales de leurs stratégies et s'efforcent de minimiser les impacts négatifs.

Cela peut inclure des initiatives visant à réduire l'empreinte écologique, à promouvoir des pratiques de travail équitables et à soutenir des projets communautaires.

En outre, la responsabilité sociale dans le leadership implique de s'engager activement dans des initiatives qui favorisent le bien-être social et environnemental. Cela peut se traduire par des programmes de responsabilité sociale d'entreprise (RSE) qui soutiennent des causes telles que l'éducation, la santé, la durabilité environnementale et l'égalité sociale. En investissant dans ces domaines, les leaders montrent non seulement un engagement envers des valeurs éthiques, mais contribuent également à la construction d'une société plus juste et durable.

La transparence et la responsabilité sont également des aspects clés de la responsabilité sociale dans le leadership. Les leaders doivent être transparents quant à leurs pratiques commerciales et leur impact sur la société et l'environnement. Cela implique une communication ouverte sur les politiques, les actions et les performances de l'entreprise en matière de responsabilité sociale, ainsi qu'une volonté de rendre des comptes et de répondre aux préoccupations des parties prenantes.

La responsabilité sociale dans le leadership moderne implique également de promouvoir une culture organisationnelle qui valorise et soutient la responsabilité sociale. Cela signifie intégrer des valeurs éthiques et sociales dans la vision, la mission et les valeurs de l'entreprise, et encourager les employés à participer à des initiatives de RSE. En créant une culture qui valorise la responsabilité sociale, les leaders peuvent inspirer et motiver leurs équipes à contribuer positivement à la société.

Enfin, la responsabilité sociale dans le leadership moderne nécessite une vision à long terme. Les leaders doivent reconnaître que le succès durable de leur organisation est intrinsèquement lié au bien-être de la société et de l'environnement. En adoptant une approche à long terme, ils peuvent prendre des décisions qui non seulement bénéficient à leur entreprise, mais aussi contribuent au progrès et à la durabilité de la société dans son ensemble.

La responsabilité sociale dans le leadership moderne est essentielle pour répondre aux défis sociaux et environnementaux actuels. En adoptant une approche responsable, transparente et engagée, les leaders peuvent non seulement améliorer la réputation et la performance de leur organisation, mais aussi jouer un rôle crucial dans la création d'un avenir plus juste et durable pour tous.

8.3 Prise de Décision Éthique
Stratégies pour une prise de

decision éthique et transparente dans des situations complexes.

Ce chapitre traite aussi de la prise de décision éthique, un aspect fondamental du leadership responsable. Dans un monde professionnel de plus en plus complexe et dynamique, les leaders sont souvent confrontés à des situations où les choix ne sont pas clairement définis en termes de bien et de mal. Une prise de décision éthique implique de naviguer dans ces zones grises avec intégrité, en tenant compte des implications morales et des impacts sur toutes les parties prenantes concernées.

La première étape vers une prise de décision éthique est de développer une compréhension claire des valeurs et principes éthiques qui guideront les actions. Cela implique de définir ce que signifie l'éthique pour l'organisation et pour le leader individuellement. Ces valeurs pourraient inclure l'honnêteté, la justice, l'équité, le respect de la dignité humaine, et la responsabilité envers la société et l'environnement. Avoir un ensemble clair de valeurs éthiques aide les leaders à évaluer les options et à prendre des décisions qui sont cohérentes avec ces principes.

Une autre stratégie importante est de s'engager dans une réflexion et une analyse approfondies avant de prendre une décision. Cela implique d'examiner toutes les options disponibles, d'évaluer les conséquences potentielles de chaque choix, et de considérer l'impact sur toutes les parties prenantes, y compris les employés, les clients, la communauté et l'environnement. Les leaders doivent également être conscients de leurs propres biais et chercher des perspectives diverses pour s'assurer que leur prise de décision est équilibrée et bien informée.

La transparence est également cruciale dans la prise de décision éthique. Les leaders doivent être ouverts sur la manière dont les décisions sont prises et sur les raisons qui sous-tendent ces choix. Cela implique de communiquer clairement avec les parties prenantes, de partager les informations pertinentes et de fournir des justifications pour les décisions prises. La transparence renforce la confiance et la crédibilité, et encourage un environnement de responsabilité et d'intégrité.

Dans des situations complexes, il peut être utile de consulter des experts ou des conseillers éthiques. Ces individus peuvent offrir des conseils et des perspectives supplémentaires qui aident à éclairer la prise de décision. Les leaders peuvent également s'appuyer sur des cadres éthiques ou des codes de conduite professionnels pour guider leur réflexion et leurs actions.

Enfin, les leaders doivent être prêts à assumer la responsabilité des conséquences de leurs décisions. Cela signifie être prêt à admettre des erreurs, à apprendre de celles-ci et à prendre des mesures correctives si nécessaire. La responsabilité et la volonté de rectifier les erreurs sont des aspects essentiels de la prise de décision éthique et du leadership responsable.

Une prise de décision éthique dans des situations complexes nécessite une compréhension claire des valeurs éthiques, une réflexion et une analyse approfondies, la transparence, la consultation d'experts et la responsabilité des conséquences. En adoptant ces stratégies, les leaders peuvent s'assurer que leurs décisions sont non seulement efficaces, mais aussi alignées avec des principes éthiques et responsables, renforçant ainsi leur intégrité et leur crédibilité en tant que leaders.

8.4 Intégrité et Authenticité L'importance de l'intégrité et de l'authenticité dans le leadership.

mettons en lumière l'importance cruciale de l'intégrité et de l'authenticité dans le leadership. Ces qualités sont au cœur d'un leadership éthique et influencent profondément la manière dont un leader est perçu et la façon dont il influence son organisation. L'intégrité et l'authenticité ne sont pas seulement des attributs souhaitables, mais des piliers essentiels pour bâtir la confiance, la crédibilité et des relations solides au sein de l'équipe et avec les parties prenantes.

L'intégrité dans le leadership se manifeste par une adhésion constante à des principes moraux et éthiques. Cela signifie faire ce qui est juste, même lorsque cela est difficile ou lorsque personne ne regarde. Un leader intègre est cohérent dans ses paroles et ses actions, respecte ses engagements et agit de manière transparente et honnête. Cette cohérence entre les valeurs et les actions crée un sentiment de fiabilité et de prévisibilité, ce qui est essentiel pour gagner et maintenir la confiance des employés, des clients et d'autres parties prenantes.

L'authenticité, quant à elle, implique d'être fidèle à soi-même et de refléter cette authenticité dans son style de leadership. Un leader authentique ne porte pas de masque ou ne joue pas un rôle ; il est ouvert sur ses pensées, ses sentiments et ses convictions, et il est disposé à partager ses expériences et ses vulnérabilités de manière appropriée. Cette authenticité permet aux leaders de créer des connexions plus profondes avec leurs équipes, favorisant un environnement de travail où l'ouverture, la diversité des opinions et la créativité sont valorisées.

L'intégrité et l'authenticité contribuent également à la création d'une culture organisationnelle positive. Lorsque les leaders modélisent ces qualités, ils établissent des normes éthiques élevées pour l'ensemble de l'organisation. Cela encourage les employés à adopter également des comportements éthiques et authentiques, ce qui peut conduire à une meilleure collaboration, à une plus grande innovation et à une performance organisationnelle accrue.

De plus, dans un monde où les consommateurs et les employés sont de plus en plus conscients des questions éthiques et des valeurs, l'intégrité et l'authenticité sont essentielles pour maintenir une bonne réputation et une marque forte. Les leaders qui démontrent ces qualités attirent et retiennent des talents de qualité, gagnent la loyauté des clients et renforcent la position de leur organisation sur le marché.

Enfin, l'intégrité et l'authenticité sont essentielles pour la prise de décision éthique. Les leaders qui sont fidèles à leurs valeurs et transparents dans leurs processus de décision sont mieux équipés pour naviguer dans des situations complexes et prendre des décisions qui sont non seulement bénéfiques pour l'entreprise, mais aussi alignées sur des principes éthiques et responsables.

L'intégrité et l'authenticité sont des composantes fondamentales d'un leadership efficace et éthique. En incarnant ces qualités, les leaders peuvent construire une confiance durable, inspirer leurs équipes, créer une culture organisationnelle positive et guider leur organisation vers un succès durable et responsable.

8.5 Gestion Éthique des Conflits Approches pour gérer les conflits de manière éthique et constructive.

Abordons maintenant la gestion éthique des conflits, un aspect crucial du leadership. Dans tout environnement de travail, les conflits sont inévitables, mais la manière dont ils sont gérés peut avoir un impact significatif sur la santé et la productivité de l'organisation. Une approche éthique et constructive de la gestion des conflits implique non seulement de résoudre les désaccords, mais aussi de le faire d'une manière qui respecte la dignité de toutes les parties impliquées et qui favorise un environnement de travail positif.

La première étape dans la gestion éthique des conflits est de reconnaître et d'accepter la présence du conflit. Ignorer ou éviter les conflits peut souvent aggraver la situation et entraîner des répercussions négatives à long terme. Les leaders doivent adopter une approche proactive, en identifiant et en abordant les conflits dès qu'ils émergent. Cela implique d'écouter attentivement toutes les parties concernées, de comprendre leurs points de vue et de reconnaître leurs émotions et préoccupations.

Une communication ouverte et honnête est essentielle dans la gestion des conflits. Les leaders doivent encourager un dialogue où chaque partie peut exprimer ses pensées et sentiments sans crainte de représailles ou de jugement. Cela implique de poser des questions ouvertes, de clarifier les malentendus et de chercher à comprendre les causes profondes du conflit. Une communication efficace peut aider à dénouer les tensions et à trouver des solutions mutuellement acceptables.

Dans la gestion des conflits, il est également important de maintenir l'impartialité et l'équité. Les leaders doivent s'efforcer de traiter toutes les parties de manière équitable, sans favoritisme ni préjugés. Cela peut impliquer de solliciter des opinions extérieures ou de se référer à des politiques et des procédures établies pour guider la résolution du conflit. L'équité dans le processus renforce la confiance et le respect et assure que les solutions sont acceptées et soutenues par toutes les parties.

La recherche de solutions gagnant-gagnant est un autre aspect de la gestion éthique des conflits. Plutôt que de chercher à "gagner" le conflit, les leaders doivent chercher des solutions qui répondent aux besoins et aux intérêts de toutes les parties. Cela peut impliquer de trouver des compromis créatifs, de développer de nouvelles options ou de travailler ensemble pour atteindre des objectifs communs. Les solutions gagnant-

gagnant contribuent à des relations de travail plus fortes et à une meilleure collaboration à l'avenir.

Enfin, les leaders doivent être conscients de l'impact émotionnel des conflits et s'efforcer de gérer ces émotions de manière constructive. Cela implique de reconnaître et de valider les émotions des parties impliquées, de fournir un soutien émotionnel si nécessaire, et de s'assurer que le processus de résolution du conflit ne laisse pas de résidus émotionnels négatifs.

La gestion éthique des conflits implique de reconnaître et d'aborder proactivement les conflits, de communiquer de manière ouverte et honnête, de maintenir l'impartialité et l'équité, de rechercher des solutions gagnant-gagnant et de gérer les émotions de manière constructive. En adoptant ces approches, les leaders peuvent non seulement résoudre les conflits de manière efficace, mais aussi renforcer les relations au sein de leur équipe et créer un environnement de travail plus sain et plus productif.

8.6 Leadership Inclusif et Diversité Promouvoir l'inclusivité et la diversité dans les pratiques de leadership.

Cette partie souligne l'importance du leadership

inclusif et de la promotion de la diversité dans les pratiques de leadership. Dans le contexte actuel, marqué par une prise de conscience croissante des enjeux de diversité et d'inclusion, les leaders sont appelés à adopter des approches qui valorisent et tirent parti de la richesse des expériences, des perspectives et des compétences variées. Un leadership inclusif ne se contente pas de reconnaître la diversité, mais s'engage activement à créer un environnement où chaque individu se sent valorisé, respecté et capable de contribuer pleinement.

Le leadership inclusif commence par la reconnaissance et la valorisation de la diversité sous toutes ses formes, qu'elle soit culturelle, ethnique, de genre, d'âge, de capacité ou d'orientation sexuelle. Cela implique de comprendre que des équipes diversifiées apportent une gamme plus large de perspectives et d'idées, ce qui peut enrichir la prise de décision et stimuler l'innovation. Les leaders inclusifs s'efforcent de créer des équipes diversifiées et de promouvoir une culture où la diversité est vue comme un atout.

Une autre facette du leadership inclusif est de s'assurer que toutes les voix soient entendues et prises en compte. Cela signifie créer des espaces où les employés se sentent en sécurité et encouragés à exprimer leurs opinions et idées, même lorsqu'elles diffèrent de la norme ou de la perspective majoritaire. Les leaders inclusifs pratiquent l'écoute active, encouragent la participation et prennent des mesures pour éliminer les barrières à la communication et à la participation.

La promotion de l'équité et de l'égalité des chances est également essentielle dans le leadership inclusif. Cela implique de s'attaquer aux biais inconscients, de mettre en œuvre des politiques et des pratiques équitables en matière de recrutement, de promotion et de développement professionnel, et de s'assurer que tous les employés ont accès aux mêmes opportunités et ressources. Les leaders doivent être vigilants pour s'assurer que les décisions ne sont pas influencées par des stéréotypes ou des préjugés, et qu'elles reflètent un engagement envers l'équité.

Le développement de compétences interculturelles est également un aspect important du leadership inclusif. Cela implique de se former et de se sensibiliser aux différentes cultures, traditions et modes de communication. Les leaders inclusifs cherchent à comprendre et à apprécier les différences culturelles, et à adapter leur style de communication et de leadership pour être efficaces dans un contexte diversifié.

Enfin, les leaders inclusifs s'engagent à promouvoir un environnement de travail où le respect mutuel et la collaboration sont la norme. Ils reconnaissent que l'inclusion ne se limite pas à la diversité démographique, mais englobe également la manière dont les individus interagissent, collaborent et se soutiennent mutuellement. En créant un environnement de travail où chacun se sent valorisé et soutenu, les leaders peuvent non seulement améliorer le bien-être des employés, mais aussi accroître l'engagement et la performance de l'équipe.

Le leadership inclusif et la promotion de la diversité impliquent de valoriser et de tirer parti de la diversité, de s'assurer que toutes les voix sont entendues, de promouvoir l'équité et l'égalité des chances, de développer des compétences interculturelles et de créer un environnement de travail respectueux et collaboratif. En adoptant ces pratiques, les leaders peuvent non seulement renforcer l'éthique et la responsabilité dans leur leadership, mais aussi conduire leurs organisations vers un succès plus riche et plus durable.

8.7 Durabilité et Leadership Vert Rôle des leaders dans la promotion de la durabilité et des pratiques respectueuses de l'environnement.

Abordons le rôle crucial des leaders dans la promotion de la durabilité et des pratiques respectueuses de l'environnement, un aspect de plus en plus important dans le contexte actuel de préoccupations environnementales croissantes. Le leadership vert ne se limite pas à adopter des politiques écologiques ; il s'agit d'une approche globale qui intègre la durabilité dans tous les aspects de la gestion et de la stratégie d'entreprise, reconnaissant l'interdépendance entre les succès économiques, sociaux et environnementaux.

Les leaders jouent un rôle essentiel dans la définition et la mise en œuvre de la vision et des stratégies de durabilité de leur organisation. Cela implique de reconnaître l'impact environnemental de l'entreprise et de s'engager activement à réduire cet impact. Les leaders peuvent initier et soutenir des initiatives visant à réduire les émissions de gaz à effet de serre, à améliorer l'efficacité énergétique, à promouvoir l'utilisation de ressources renouvelables et à minimiser les déchets et la pollution.

La promotion de la durabilité nécessite également une approche intégrée qui tient compte des impacts environnementaux, sociaux et économiques des décisions d'entreprise. Les leaders doivent évaluer les conséquences à long terme de leurs actions et s'efforcer de trouver un équilibre entre la croissance économique, le bien-être social et la préservation de l'environnement. Cela peut impliquer de collaborer avec des parties prenantes, y compris des fournisseurs, des clients et des communautés locales, pour développer des solutions durables et mutuellement bénéfiques.

La transparence et la responsabilité sont également des éléments clés du leadership vert. Les leaders doivent être transparents quant à leurs objectifs et performances en matière de durabilité, en communiquant ouvertement sur les progrès, les défis et les plans d'action. Cela inclut la publication de rapports de durabilité, la participation à des initiatives de reporting environnemental et la mise en place de systèmes de gestion environnementale pour suivre et améliorer les performances.

Les leaders doivent également encourager une culture organisationnelle qui valorise et soutient la durabilité. Cela signifie intégrer des principes de durabilité dans la formation, les politiques et les pratiques de l'entreprise, et encourager les employés à adopter des comportements respectueux de l'environnement. En créant une culture qui valorise la durabilité, les leaders peuvent inspirer et motiver leurs équipes à contribuer à des objectifs environnementaux plus larges.

Enfin, les leaders doivent être des modèles en matière de durabilité. En adoptant personnellement des pratiques durables et en démontrant un engagement envers la préservation de l'environnement, les leaders peuvent inspirer d'autres à suivre leur exemple.

Cela peut inclure des actions simples comme réduire l'utilisation du papier, encourager les transports écologiques ou soutenir des initiatives de bénévolat environnemental.

Le rôle des leaders dans la promotion de la durabilité et des pratiques respectueuses de l'environnement est essentiel pour répondre aux défis écologiques actuels. En adoptant une vision intégrée de la durabilité, en faisant preuve de transparence et de responsabilité, en encourageant une culture organisationnelle axée sur la durabilité et en étant des modèles de comportement écologique, les leaders peuvent non seulement améliorer l'impact environnemental de leur organisation, mais aussi contribuer à un avenir plus durable pour tous.

8.8 Transparence et Responsabilité Importance de la transparence et de la responsabilité dans la gestion et le leadership.

Mettons en exergue l'importance de la transparence et de la responsabilité dans la gestion et le leadership. Ces deux principes sont fondamentaux pour établir et maintenir la confiance, la crédibilité et l'intégrité dans toute organisation. Dans un monde où les informations circulent rapidement et où les attentes en matière d'éthique et de responsabilité sociale des entreprises sont élevées, les leaders doivent adopter une approche transparente et responsable pour gagner la confiance de leurs parties prenantes et assurer la pérennité de leur organisation.

La transparence dans le leadership implique une communication ouverte et honnête sur les opérations, les décisions et les performances de l'organisation. Cela signifie partager non seulement les succès, mais aussi les défis et les échecs. Les leaders transparents fournissent des informations claires et accessibles à leurs employés, clients, investisseurs et autres parties prenantes, permettant ainsi une compréhension complète des activités de l'entreprise. Cette transparence favorise la confiance et renforce la réputation de l'organisation, car elle montre un engagement envers l'honnêteté et l'intégrité.

La responsabilité, quant à elle, se réfère à la prise en charge des actions et des décisions de l'organisation. Les leaders responsables assument la responsabilité des résultats de leurs décisions, qu'ils soient positifs ou négatifs. Ils sont prêts à rendre des comptes pour leurs actions et à répondre des impacts de ces actions sur les employés, les clients, l'environnement et la société dans son ensemble. La responsabilité implique également de mettre en place des mécanismes pour surveiller et évaluer les performances de l'organisation, et de prendre des mesures correctives lorsque nécessaire.

La combinaison de la transparence et de la responsabilité crée une culture de confiance et d'intégrité au sein de l'organisation. Les employés qui travaillent dans un environnement transparent et responsable se sentent plus valorisés et engagés, car ils comprennent comment leur travail contribue aux objectifs globaux de l'entreprise et comment les décisions sont prises. De même, les clients et les investisseurs sont plus enclins à faire confiance et à soutenir une organisation qui démontre un engagement envers ces principes.

En outre, la transparence et la responsabilité sont essentielles pour naviguer dans les défis éthiques et les dilemmes moraux. Les leaders confrontés à des décisions complexes peuvent s'appuyer sur ces principes pour guider leur processus de prise de décision, en s'assurant que leurs actions sont alignées avec les valeurs de l'organisation et les attentes des parties prenantes.

Enfin, dans un contexte de responsabilité sociale croissante, la transparence et la responsabilité sont cruciales pour démontrer l'engagement de l'organisation envers des pratiques éthiques et durables. Les leaders qui adoptent ces principes montrent qu'ils prennent au sérieux leur impact sur la société et l'environnement, ce qui peut renforcer leur position sur le marché et leur durabilité à long terme.

En résumé, la transparence et la responsabilité sont des piliers essentiels d'un leadership efficace et éthique. En adoptant une approche transparente et responsable, les leaders peuvent non seulement renforcer la confiance et la crédibilité de leur organisation, mais aussi créer un environnement de travail positif et éthique, tout en répondant aux attentes croissantes en matière de responsabilité sociale des entreprises.

8.9 Éthique et Innovation Naviguer dans les défis éthiques de l'innovation et du changement technologique.

Cette partie traite de la manière de naviguer dans les défis éthiques associés à l'innovation et au changement technologique. À une époque où la technologie évolue rapidement, apportant des avancées significatives mais aussi de nouveaux défis éthiques, les leaders doivent être particulièrement vigilants pour s'assurer que l'innovation est gérée de manière responsable et éthique.

L'un des principaux défis éthiques de l'innovation technologique est la protection de la vie privée et des données. Avec l'augmentation de la collecte et de l'analyse des données, les leaders doivent s'assurer que les informations personnelles sont traitées de manière sécurisée et confidentielle. Cela implique de mettre en place des politiques et des systèmes robustes pour protéger les données contre les accès non autorisés ou les violations, et de respecter les lois et réglementations en matière de protection de la vie privée.

Un autre aspect éthique important est l'impact de l'innovation technologique sur l'emploi et la main-d'œuvre. Alors que certaines technologies peuvent automatiser des tâches et potentiellement remplacer des emplois humains, les leaders doivent envisager les implications sociales de ces changements. Cela implique de réfléchir à la manière dont les technologies peuvent être utilisées pour améliorer le travail plutôt que de le remplacer, de fournir une formation et un développement des compétences pour les employés affectés, et de s'engager dans une planification et une communication transparentes concernant les changements technologiques.

La question de l'équité et de l'accès est également cruciale dans l'innovation technologique. Les leaders doivent veiller à ce que les avantages des nouvelles technologies soient accessibles à tous, et non seulement à une élite privilégiée. Cela signifie prendre en compte les disparités dans l'accès à la technologie et travailler à réduire ces inégalités, que ce soit au sein de l'organisation ou dans la société dans son ensemble.

En outre, les leaders doivent être conscients des implications éthiques à long terme de leurs innovations. Cela implique de réfléchir aux conséquences potentielles des nouvelles technologies sur la société, l'environnement et les générations futures. Les leaders doivent adopter une approche réfléchie et préventive, en évaluant les risques et en développant des stratégies pour minimiser les impacts négatifs potentiels.

Enfin, la promotion d'une culture d'innovation éthique au sein de l'organisation est essentielle. Les leaders doivent encourager une réflexion éthique parmi leurs équipes, en intégrant des considérations éthiques dans les processus de développement et de mise en œuvre de l'innovation. Cela peut impliquer de former les employés aux principes éthiques, de créer des comités d'éthique pour évaluer les nouvelles initiatives, et de favoriser un environnement où les préoccupations éthiques peuvent être ouvertement discutées et abordées.

Naviguer dans les défis éthiques de l'innovation et du changement technologique nécessite une approche réfléchie et responsable. En se concentrant sur la protection de la vie privée et des données, en considérant l'impact sur l'emploi, en assurant l'équité et l'accès, en évaluant les implications à long terme et en promouvant une culture d'innovation éthique, les leaders peuvent s'assurer que leurs efforts d'innovation sont non seulement avancés et efficaces, mais aussi responsables et bénéfiques pour la société dans son ensemble.

8.10 Développement d'une Culture Éthique Créer et maintenir une culture organisationnelle qui valorise et soutient l'éthique

Penchons-nous sur le développement et le maintien d'une culture organisationnelle qui valorise et soutient l'éthique. Dans le climat actuel des affaires, où la confiance et l'intégrité sont de plus en plus valorisées par les consommateurs, les employés et les investisseurs, il est crucial pour les leaders de cultiver une culture d'entreprise qui non seulement respecte les normes éthiques, mais les intègre activement dans tous les aspects de l'organisation.

Créer une culture éthique commence par le leadership. Les leaders doivent être des modèles de comportement éthique, démontrant par leurs actions et leurs décisions un engagement ferme envers l'intégrité, la transparence et la responsabilité. Lorsque les leaders incarnent ces valeurs, cela envoie un message fort à toute l'organisation sur l'importance de l'éthique. Leur comportement établit les normes et les attentes pour le reste de l'équipe, et leur engagement envers l'éthique inspire les autres à suivre leur exemple.

La communication claire des valeurs et des attentes éthiques est également essentielle. Cela implique de définir explicitement ce que l'organisation considère comme un comportement éthique, et de communiquer ces attentes à tous les niveaux de l'entreprise. Les politiques, les codes de conduite et les directives éthiques doivent être clairement formulés, facilement accessibles et régulièrement révisés pour s'assurer qu'ils restent pertinents et efficaces.

La formation et l'éducation sont des composantes clés pour maintenir une culture éthique. Les employés doivent être formés sur les principes éthiques, les politiques de l'entreprise et les meilleures pratiques pour gérer les dilemmes éthiques. Des sessions de formation régulières, des ateliers et des discussions ouvertes sur l'éthique peuvent aider à renforcer la compréhension et l'engagement envers les valeurs éthiques de l'organisation.

Encourager la transparence et la communication ouverte est également crucial. Les employés doivent se sentir en sécurité pour exprimer leurs préoccupations ou signaler des comportements non éthiques sans crainte de représailles. Mettre en place des mécanismes pour signaler anonymement les problèmes éthiques et assurer que ces préoccupations sont prises au sérieux et traitées de manière appropriée peut renforcer la confiance et encourager une culture de responsabilité et d'intégrité.

Enfin, il est important de reconnaître et de récompenser les comportements éthiques. Lorsque les employés qui démontrent un engagement envers l'éthique sont reconnus et récompensés, cela renforce l'importance de ces comportements et encourage les autres à adopter des pratiques similaires. Les récompenses et les reconnaissances peuvent prendre diverses formes, allant des compliments et des reconnaissances publiques aux promotions et aux incitations financières.

Développer et maintenir une culture éthique nécessite un leadership exemplaire, une communication claire des valeurs éthiques, une formation et une éducation continues, la promotion de la transparence et de la communication ouverte, et la reconnaissance des comportements éthiques. En intégrant ces éléments dans la culture organisationnelle, les leaders peuvent créer un environnement où l'éthique est valorisée, respectée et pratiquée, ce qui contribue non seulement à la réputation et au succès de l'entreprise, mais aussi à un climat de travail plus sain et plus positif.

CONCLUSION

"Votre travail va remplir une grande partie de votre vie, et la seule façon d'être vraiment satisfait est de faire ce que vous croyez être un grand travail. Et la seule façon de faire un grand travail est d'aimer ce que vous faites."

Steve Jobs

Récapitulatif des points clés.

Dans cette conclusion, il est essentiel de récapituler les points clés qui ont été abordés, soulignant l'importance cruciale de ces principes dans le monde du leadership moderne. Cette conclusion vise à consolider la compréhension des concepts clés et à encourager une réflexion continue sur la manière dont ces principes peuvent être intégrés dans la pratique quotidienne du leadership.

Tout d'abord, nous avons exploré les fondements du leadership éthique, soulignant que l'intégrité, la responsabilité, le respect, la justice et le service sont des piliers essentiels pour un leadership efficace et moral. Ces valeurs fondamentales guident non seulement les décisions et les actions des leaders, mais influencent également la culture et les pratiques de l'ensemble de l'organisation.

Ensuite, nous avons abordé l'importance de la responsabilité sociale dans le leadership moderne. Dans un monde où les entreprises sont de plus en plus évaluées sur leur impact social et environnemental, les leaders doivent adopter une approche qui va au-delà du profit pour inclure le bien-être des personnes et de la planète. Cela implique de prendre des décisions conscientes qui favorisent la durabilité, l'équité et le bien-être communautaire.

La prise de décision éthique a également été un point clé, mettant en lumière la nécessité pour les leaders de naviguer dans des situations complexes avec intégrité et transparence. Cela implique une réflexion approfondie, une considération des impacts sur toutes les parties prenantes et une volonté de rendre des comptes pour les décisions prises.

L'intégrité et l'authenticité ont été soulignées comme essentielles pour gagner et maintenir la confiance et le respect dans le leadership. Les leaders doivent être fidèles à leurs valeurs et transparents dans leurs actions, ce qui crée un environnement de confiance et d'ouverture.

La gestion éthique des conflits a été discutée, soulignant l'importance d'aborder les désaccords de manière juste et respectueuse. Les leaders doivent s'efforcer de trouver des solutions gagnant-gagnant qui respectent la dignité de toutes les parties impliquées.

Le leadership inclusif et la diversité ont été identifiés comme cruciaux pour créer des environnements de travail riches et dynamiques. Les leaders doivent valoriser et intégrer activement la diversité sous toutes ses formes, en créant des espaces où chaque voix est entendue et valorisée.

Le rôle des leaders dans la promotion de la durabilité et des pratiques respectueuses de l'environnement a été examiné, soulignant la responsabilité des leaders de guider leurs organisations vers des pratiques durables et écologiques.

Enfin, la transparence et la responsabilité ont été soulignées comme fondamentales pour un leadership éthique. Les leaders doivent être transparents dans leurs opérations et responsables de leurs actions, renforçant ainsi la confiance et la crédibilité de leur organisation.

Ces principes de leadership éthique et responsable sont interconnectés et essentiels pour naviguer dans le paysage complexe et en constante évolution du leadership moderne. En intégrant ces principes dans leur pratique, les leaders peuvent non seulement diriger avec succès leurs organisations, mais aussi contribuer positivement à la société et à l'environnement, laissant un héritage durable de progrès et de bien-être.

Encouragement pour les lecteurs à développer leur propre style de leadership.

Il est crucial de vous encourager à développer votre propre style de leadership, en tenant compte des principes et des valeurs discutés. Chaque leader est unique, avec ses propres expériences, perspectives et qualités personnelles. Le développement d'un style de leadership personnel est un voyage qui nécessite de la réflexion, de l'expérimentation et un engagement continu envers l'apprentissage et l'amélioration.

Tout d'abord, il est important de reconnaître que le leadership n'est pas une taille unique. Ce qui fonctionne pour un leader dans un contexte donné peut ne pas être applicable dans un autre. Les lecteurs sont encouragés à réfléchir sur leurs propres forces, faiblesses et valeurs, et à considérer comment ces éléments peuvent être intégrés dans un style de leadership qui est authentique et efficace pour eux. Cela peut impliquer de tirer des leçons de modèles de leadership variés, mais aussi de rester fidèle à sa propre personnalité et à ses convictions.

L'auto-réflexion est un outil puissant dans le développement du leadership. Les lecteurs doivent prendre le temps de réfléchir sur leurs expériences de leadership, d'évaluer ce qui a fonctionné ou non, et de considérer comment ils peuvent s'améliorer. Cette réflexion peut être facilitée par des journaux de leadership, des feedbacks de collègues ou de mentors, ou même par la participation à des ateliers et des formations en leadership.

L'ouverture à l'apprentissage et à la croissance est également essentielle. Le monde du leadership est en constante évolution, avec de nouveaux défis et opportunités qui émergent régulièrement. Les lecteurs doivent rester curieux et ouverts à de nouvelles idées, approches et perspectives. Cela peut impliquer la lecture de livres et d'articles sur le leadership, la participation à des conférences et des séminaires, ou l'engagement dans des réseaux professionnels où ils peuvent apprendre des autres.

L'expérimentation est une autre clé du développement du leadership. Les lecteurs doivent être prêts à essayer de nouvelles stratégies et techniques, à prendre des risques calculés et à apprendre de leurs expériences. Cela peut impliquer de mettre en œuvre de nouvelles idées au sein de leur équipe, de tester différents styles de communication ou de gestion, ou d'explorer de nouvelles façons de résoudre les problèmes.

Enfin, il est important de reconnaître que le développement du leadership est un processus continu. Il n'y a pas de point final où l'on devient un "leader parfait". Au contraire, le leadership est un voyage de croissance personnelle et professionnelle qui dure toute la vie. Les lecteurs doivent s'engager dans un processus d'amélioration continue, en cherchant constamment des moyens de renforcer leurs compétences et de devenir des leaders plus efficaces et plus éthiques.

Le développement d'un style de leadership personnel est un voyage unique et personnel. En intégrant la réflexion, l'apprentissage, l'expérimentation et un engagement envers la croissance continue, les lecteurs peuvent développer un style de leadership qui non seulement répond aux besoins de leur organisation, mais reflète également leurs propres valeurs et personnalité. C'est en embrassant cette approche personnalisée et évolutive que les leaders peuvent avoir un impact positif et durable dans leurs rôles.

REMERCIEMENTS

À l'aube de la finalisation de cet ouvrage, "Douance et Leadership", mon cœur est empli de gratitude envers toutes les personnes qui ont contribué à sa réalisation. Ce livre est le fruit d'un travail collectif, d'inspirations partagées et de soutien inestimable, et il est de mon devoir et de mon plaisir de reconnaître ceux qui ont joué un rôle crucial dans ce voyage.

Tout d'abord, je tiens à exprimer ma profonde gratitude à ma famille et à mes amis pour leur soutien indéfectible, leur encouragement et leur patience tout au long de ce processus. Votre foi inébranlable en ma vision et votre soutien émotionnel ont été les piliers sur lesquels je me suis appuyé dans les moments de doute et de fatigue.

Un remerciement spécial est dû à mes collègues et mentors dans le domaine du leadership et de la psychologie de la douance. Votre expertise, vos conseils et vos critiques constructives ont été essentiels pour façonner les idées et les concepts présentés dans ce livre. Votre volonté de partager vos connaissances et votre expérience a grandement enrichi le contenu de cet ouvrage.

Je tiens également à remercier la communauté des leaders doués et des professionnels qui ont généreusement partagé leurs expériences et leurs histoires personnelles. Vos témoignages ont apporté une authenticité et une profondeur inestimables à ce projet, permettant aux lecteurs de se connecter de manière significative avec le sujet.

Mes remerciements vont aussi à l'équipe éditoriale et aux relecteurs pour leur œil critique et leur attention aux détails. Votre professionnalisme et votre dévouement à la qualité ont grandement contribué à la clarté et à la lisibilité de ce livre.

Enfin, je souhaite exprimer ma gratitude à vous, lecteurs, pour votre intérêt et votre engagement envers le développement du leadership. Ce livre a été écrit dans l'espoir d'inspirer, d'informer et de soutenir votre parcours de leadership, et votre volonté d'explorer et d'appliquer ces concepts est ce qui donne vie à ce travail.

"Douance et Leadership" est un hommage à la collaboration, à la passion et à la poursuite incessante de la croissance et de l'excellence. À tous ceux qui ont contribué, de près ou de loin, à la réalisation de ce projet, je vous adresse mes remerciements les plus sincères.

Avec gratitude,

Vincent Lefebvre

ANNEXES

Glossaire

Douance : Terme désignant une intelligence supérieure à la moyenne, souvent accompagnée de capacités cognitives, créatives, perceptuelles ou émotionnelles exceptionnelles. La douance peut se manifester de diverses manières et n'est pas limitée à la performance académique.

Leadership Éthique : Approche du leadership qui met l'accent sur l'honnêteté, l'intégrité, la transparence et le respect des principes moraux et éthiques dans toutes les décisions et actions.

Intelligence Émotionnelle : Capacité à reconnaître, comprendre et gérer ses propres émotions et celles des autres. Cruciale dans le leadership, elle permet une meilleure communication, empathie et gestion des relations.

Leadership Inclusif : Style de leadership qui valorise et intègre activement la diversité sous toutes ses formes, en créant un environnement où chaque individu se sent valorisé et capable de contribuer pleinement.

Résilience : Capacité à faire face aux défis, à s'adapter aux changements, à récupérer et à grandir à partir d'expériences difficiles ou de situations stressantes.

Leadership Transformateur : Style de leadership qui vise à inspirer et motiver les employés à dépasser leurs intérêts personnels pour le bien de l'organisation, souvent en mettant l'accent sur des valeurs morales élevées.

Développement Personnel : Processus continu d'auto-évaluation, d'apprentissage et de croissance personnelle, visant à améliorer la conscience de soi, les compétences et le bien-être général.

Gestion des Conflits : Processus de reconnaissance et de traitement des divergences ou des désaccords de manière constructive, en cherchant des solutions qui respectent les intérêts de toutes les parties impliquées.

Durabilité : Pratique de gestion des ressources de manière à répondre aux besoins actuels sans compromettre la capacité des générations futures à répondre aux leurs, souvent en tenant compte des impacts environnementaux, sociaux et économiques.

Transparence : Pratique de communication ouverte et honnête, où les informations pertinentes sont partagées de manière claire et accessible, favorisant la confiance et la responsabilité.

Ce glossaire fournit une base pour comprendre

les termes clés utilisés tout au long du livre "Douance et Leadership", aidant les lecteurs à saisir pleinement les concepts et les idées présentés.

Études de Cas Détaillées

1. Leaders Doués dans le Secteur Technologique

Dans cette section nous plongeons dans l'univers fascinant des individus exceptionnellement talentueux qui ont marqué le monde de la technologie. Ces leaders, dotés d'une intelligence et d'une créativité hors normes, ont non seulement façonné des entreprises innovantes, mais ont également redéfini la manière dont nous interagissons avec la technologie dans notre vie quotidienne.

Le secteur technologique, connu pour son rythme rapide et son besoin constant d'innovation, est un terrain fertile pour les leaders doués. Ces individus se distinguent par leur capacité à anticiper les tendances futures, à résoudre des problèmes complexes et à développer des solutions technologiques révolutionnaires. Leur douance ne se limite pas à leur intelligence technique ; elle englobe également une vision stratégique et une capacité à inspirer et à motiver des équipes de professionnels hautement qualifiés.

Un aspect remarquable de ces leaders est leur approche de l'innovation. Souvent guidés par une curiosité insatiable et une soif d'apprendre, ils sont capables de connecter des idées apparemment disparates pour créer des technologies nouvelles et disruptives. Leur pensée divergente leur permet de sortir des sentiers battus et de proposer des solutions originales aux défis technologiques.

Ces leaders doués dans le secteur technologique sont également reconnus pour leur style de gestion des équipes. Ils créent des environnements de travail où la créativité et l'innovation sont non seulement encouragées, mais aussi célébrées. En reconnaissant et en valorisant les talents de chaque membre de leur équipe, ils parviennent à cultiver une culture d'entreprise où l'innovation peut prospérer.

Cependant, leur parcours n'est pas exempt de défis. La gestion des attentes élevées, tant personnelles que professionnelles, et la nécessité de rester à la pointe de la technologie peuvent être des tâches ardues. Ces leaders doivent constamment équilibrer leur vision créative avec les réalités pratiques de la gestion d'une entreprise technologique en croissance.

En étudiant ces leaders doués dans le secteur technologique, nous pouvons tirer des leçons précieuses sur la manière de canaliser la douance vers des réalisations productives et innovantes. Leur capacité à voir au-delà des limites actuelles de la technologie et à inspirer ceux qui les entourent fait d'eux des modèles pour les aspirants leaders dans tous les domaines.

2. Leaders Doués dans le Domaine Artistique et Créatif

Nous plongeons maintenant dans le monde vibrant et souvent sous-estimé du leadership dans les arts et la créativité. Cette sphère, riche en expressions et innovations, offre un terrain fertile pour les leaders doués, dont les capacités uniques leur permettent de repousser les frontières de l'expression artistique et de mener des projets créatifs avec une vision et une passion exceptionnelles.

Les leaders dans le domaine artistique et créatif se distinguent par leur capacité à visualiser et à concrétiser des idées qui peuvent transformer la perception et l'expérience artistique. Leur douance ne réside pas seulement dans leur talent artistique intrinsèque, mais aussi dans leur aptitude à inspirer et à mobiliser des équipes autour d'une vision créative commune. Ces leaders sont souvent des pionniers, osant explorer de nouveaux territoires artistiques et défiant les conventions établies.

Un aspect remarquable de ces leaders est leur approche de la créativité. Ils possèdent une sensibilité aiguë et une profonde compréhension des nuances émotionnelles et esthétiques, leur permettant de créer des œuvres qui résonnent profondément avec le public. Leur créativité n'est pas confinée à leur propre pratique artistique ; elle s'étend à la manière dont ils dirigent et inspirent leurs équipes, encourageant l'innovation et la prise de risques dans un environnement souvent régi par l'intuition autant que par la raison.

Ces leaders doués dans le domaine artistique et créatif sont également reconnus pour leur capacité à gérer les aspects pratiques de leurs projets. Ils doivent souvent jongler entre leur vision artistique et les réalités du marché, trouvant des moyens de rendre leur art accessible et viable économiquement. Cette dualité entre l'art et le commerce est une tension constante, exigeant une habileté à naviguer dans des eaux souvent contradictoires.

Leur parcours, toutefois, n'est pas sans obstacles. Les défis de rester fidèle à leur vision artistique tout en répondant aux attentes du public et des investisseurs peuvent être considérables. De plus, le monde de l'art et de la création est hautement subjectif et compétitif, ce qui nécessite une résilience et une confiance en soi remarquables pour persévérer face aux critiques et aux rejets.

En étudiant les leaders doués dans le domaine artistique et créatif, nous pouvons apprendre comment la douance peut être canalisée pour créer non seulement de l'art, mais aussi pour construire des communautés et des mouvements autour de cet art. Leur capacité à voir le monde sous un angle unique et à partager cette vision avec les autres fait d'eux des sources d'inspiration et des catalyseurs de changement dans le domaine de la création artistique.

3. Leaders Doués dans le Secteur Éducatif

Nous examinons maintenant de près les individus exceptionnellement talentueux qui ont laissé une empreinte indélébile dans le domaine de l'éducation. Ces leaders, dotés d'une intelligence et d'une sensibilité remarquables, ont non seulement influencé les méthodes pédagogiques, mais ont également joué un rôle crucial dans la formation des générations futures.

Les leaders doués dans le secteur éducatif se distinguent par leur capacité à comprendre et à répondre aux besoins diversifiés des apprenants. Ils possèdent une profonde compréhension des processus d'apprentissage et sont souvent à l'avant-garde de l'innovation pédagogique. Leur douance ne se limite pas à leur expertise académique ; elle englobe également une capacité à inspirer, à motiver et à connecter avec les étudiants, les collègues et la communauté éducative dans son ensemble.

Ces leaders sont souvent des visionnaires,

capables de voir au-delà des méthodes d'enseignement traditionnelles et d'explorer de nouvelles approches qui peuvent mieux servir les étudiants dans un monde en rapide évolution. Ils sont motivés par un désir profond d'améliorer le système éducatif, que ce soit en intégrant de nouvelles technologies, en adoptant des approches pédagogiques innovantes ou en plaidant pour des changements politiques qui soutiennent une éducation de qualité pour tous.

Un aspect remarquable de ces leaders est leur approche de la gestion des institutions éducatives. Ils comprennent que pour créer un environnement d'apprentissage efficace, il faut non seulement des programmes solides, mais aussi une culture organisationnelle qui valorise la curiosité, l'exploration et le respect mutuel. Ces leaders doués créent des espaces où les enseignants sont encouragés à se développer professionnellement et où les étudiants sont stimulés pour atteindre leur plein potentiel.

Cependant, leur parcours n'est pas exempt de défis. Les leaders dans le secteur éducatif doivent souvent naviguer dans des systèmes complexes et des contraintes budgétaires, tout en répondant aux attentes de diverses parties prenantes, y compris les parents, les administrateurs et les organismes de réglementation. Ils doivent équilibrer leur vision innovante avec les réalités pratiques de la gestion d'une institution éducative, ce qui nécessite une habileté considérable en matière de leadership et de prise de décision.

En étudiant les leaders doués dans le secteur éducatif, nous pouvons tirer des leçons précieuses sur la manière de canaliser la douance vers des réalisations significatives et impactantes dans le domaine de l'éducation. Leur capacité à influencer positivement les méthodes d'enseignement, à inspirer les générations futures et à plaider pour des changements systémiques fait d'eux des modèles pour tous ceux qui aspirent à transformer le paysage éducatif.

4. Leaders Doués dans le Secteur Non Lucratif

Dans cette section, nous nous plongeons dans l'univers des individus exceptionnels qui dirigent des organisations à but non lucratif. Ces leaders, dotés de capacités intellectuelles et émotionnelles remarquables, jouent un rôle crucial dans la résolution de certains des problèmes les plus pressants de notre société. Leur travail dans le secteur non lucratif est souvent motivé par une passion profonde pour le changement social, l'équité et la justice.

Ces leaders se distinguent par leur capacité à voir au-delà des défis immédiats et à envisager des solutions à long terme pour des problèmes complexes. Ils possèdent une compréhension intuitive des besoins humains et sociaux et sont souvent à l'avant-garde de l'innovation dans les domaines de l'intervention sociale, de l'éducation et de la santé. Leur douance ne réside pas seulement dans leur intelligence ou leur expertise, mais aussi dans leur capacité à connecter avec les gens, à inspirer la confiance et à mobiliser des ressources pour des causes importantes.

Un aspect remarquable de ces leaders est leur approche de la gestion des organisations non lucratives. Ils sont souvent confrontés à des ressources limitées et à des défis de financement, ce qui nécessite une grande créativité et ingéniosité pour maximiser l'impact de leur organisation. Ces leaders doués sont capables de tisser des réseaux solides de soutien, de collaborer efficacement avec d'autres organisations et de trouver des moyens innovants pour lever des fonds et sensibiliser le public à leurs causes.

Ces leaders dans le secteur non lucratif sont également reconnus pour leur engagement envers l'éthique et la transparence. Ils comprennent que la confiance est un élément essentiel de leur travail et s'efforcent de maintenir des normes élevées de responsabilité et d'intégrité. Cela implique souvent de naviguer dans des décisions complexes où les enjeux éthiques et moraux sont au premier plan.

Cependant, leur parcours n'est pas sans

obstacles. Les leaders dans le secteur non lucratif doivent souvent jongler entre leur vision idéaliste et les réalités pratiques de la gestion d'une organisation. Ils peuvent être confrontés à des pressions politiques, à des changements dans les politiques de financement et à des défis dans la gestion des bénévoles et du personnel. Ces défis nécessitent une résilience remarquable et une capacité à s'adapter rapidement aux changements.

En étudiant les leaders doués dans le secteur non lucratif, nous pouvons apprendre comment la passion, combinée à une intelligence et une sensibilité exceptionnelles, peut conduire à des changements significatifs dans la société. Leur capacité à diriger avec compassion, à penser de manière stratégique et à agir avec intégrité fait d'eux des modèles inspirants pour tous ceux qui aspirent à faire une différence positive dans le monde.

5. Leaders Doués dans des Start-ups et Entrepreneuriat

Examinons de près les individus exceptionnellement talentueux qui ont lancé et développé des start-ups innovantes. Ces leaders, dotés d'une combinaison unique de créativité, d'intelligence et de passion, sont souvent à l'origine de certaines des idées les plus révolutionnaires et disruptives dans le monde des affaires.

Les leaders doués dans le domaine des start-ups et de l'entrepreneuriat se distinguent par leur capacité à identifier et à capitaliser sur des opportunités de marché inexplorées. Ils possèdent une vision claire et souvent avant-gardiste, leur permettant de voir au-delà des tendances actuelles et d'anticiper les besoins futurs des consommateurs. Leur douance ne se limite pas à leur acuité commerciale ; elle englobe également une capacité à penser de manière innovante, à prendre des risques calculés et à naviguer dans l'incertitude inhérente au lancement d'une nouvelle entreprise.

Ces leaders sont souvent des pionniers, n'hésitant pas à défier le statu quo et à introduire de nouveaux modèles d'affaires, produits ou services. Leur approche de l'entrepreneuriat est caractérisée par une exploration constante et une volonté d'expérimenter. Ils sont motivés par un désir de créer quelque chose de nouveau et d'impactant, souvent animés par une passion pour résoudre des problèmes complexes ou pour répondre à des besoins sociaux non satisfaits.

Un aspect remarquable de ces leaders est leur approche de la gestion des start-ups. Ils créent des cultures d'entreprise où l'innovation et la créativité sont encouragées et valorisées. Ces environnements permettent aux équipes de s'épanouir et de contribuer pleinement à la vision de l'entreprise. Les leaders doués dans les start-ups sont souvent très habiles à inspirer et à motiver leurs équipes, en partageant leur passion et en cultivant un sentiment d'appartenance et de but commun.

Cependant, leur parcours n'est pas exempt de défis. Les leaders de start-ups doivent souvent faire face à des ressources limitées, à une concurrence intense et à la pression de délivrer des résultats rapides. Ils doivent équilibrer leur vision innovante avec les réalités pratiques de la gestion d'une entreprise en croissance, ce qui nécessite une habileté considérable en matière de prise de décision, de gestion financière et de stratégie commerciale.

En étudiant les leaders doués dans les start-ups et l'entrepreneuriat, nous pouvons apprendre comment la douance, lorsqu'elle est canalisée de manière stratégique et créative, peut conduire à des innovations extraordinaires et à la création d'entreprises prospères. Leur capacité à penser différemment, à agir audacieusement et à inspirer ceux qui les entourent fait d'eux des modèles pour tous ceux qui aspirent à transformer leurs idées en réalités commerciales réussies.

6. Leaders Doués dans des Contextes Multiculturels

Dans cette section, explorons les leaders

exceptionnels qui excellent dans la gestion et la direction d'équipes et de projets dans des environnements diversifiés et internationaux. Ces individus, dotés d'une sensibilité et d'une intelligence interculturelles remarquables, jouent un rôle crucial dans le rapprochement des cultures et la promotion de la compréhension et de la collaboration internationales.

Les leaders doués dans des contextes multiculturels se distinguent par leur capacité à naviguer avec aisance dans un éventail de cultures, de langues et de systèmes de valeurs. Ils possèdent une compréhension profonde des nuances culturelles et sont souvent doués pour communiquer et établir des relations dans des contextes divers. Leur douance ne se limite pas à leur compétence linguistique ou à leur connaissance des différentes cultures ; elle englobe également une empathie et une adaptabilité qui leur permettent de connecter authentiquement avec des individus de divers horizons.

Ces leaders sont souvent des ponts entre les cultures, facilitant la compréhension et la coopération dans des environnements où les malentendus culturels peuvent facilement survenir. Ils sont habiles à créer des espaces où les différences sont non seulement respectées, mais aussi valorisées comme une source d'apprentissage et d'innovation. Dans ces espaces, les idées et les perspectives de diverses cultures sont intégrées, conduisant à des solutions plus créatives et inclusives.

Un aspect remarquable de ces leaders est leur approche de la gestion d'équipe. Ils cultivent des environnements de travail où la diversité est vue comme un atout et où chaque membre de l'équipe est encouragé à apporter sa perspective unique. Cette approche inclusive renforce la cohésion de l'équipe et améliore la performance globale, car les membres de l'équipe se sentent valorisés et compris.

Cependant, diriger dans des contextes multiculturels n'est pas sans défis. Les leaders doivent souvent faire face à des barrières linguistiques, à des différences dans les styles de communication et à des attentes variées en matière de comportement professionnel et de prise de décision. Ils doivent équilibrer le respect des traditions et des normes culturelles avec la nécessité de maintenir des standards et des objectifs cohérents au sein de leur organisation.

En étudiant les leaders doués dans des contextes multiculturels, nous pouvons apprendre l'importance de l'empathie, de l'ouverture d'esprit et de la flexibilité dans le leadership. Leur capacité à apprécier et à intégrer la diversité culturelle, à construire des ponts entre les personnes de différents horizons et à diriger avec sensibilité et respect fait d'eux des modèles pour tous ceux qui aspirent à exceller dans un monde de plus en plus globalisé.

7. Défis Spécifiques Rencontrés par les Leaders Doués

Abordons maintenant les obstacles uniques et souvent méconnus auxquels sont confrontés les leaders dotés de capacités exceptionnelles. Bien que la douance puisse être un atout considérable dans le leadership, elle s'accompagne également de défis spécifiques qui peuvent compliquer le parcours de ces individus talentueux.

Un des défis majeurs pour les leaders doués est la gestion des attentes élevées, tant de la part des autres que d'eux-mêmes. En raison de leurs capacités exceptionnelles, il est souvent supposé, parfois à tort, qu'ils peuvent gérer des charges de travail plus importantes, résoudre des problèmes complexes avec facilité, et exceller dans tous les aspects de leur rôle. Cette pression constante pour performer à un niveau élevé peut conduire à un stress important et, dans certains cas, à l'épuisement professionnel.

Un autre défi est la sensibilité émotionnelle accrue que l'on retrouve souvent chez les personnes douées. Cette sensibilité peut être une force, car elle permet une grande empathie et une compréhension profonde des autres. Cependant, elle peut aussi rendre les leaders doués plus vulnérables aux critiques et aux conflits, affectant leur bien-être émotionnel et leur efficacité dans le leadership.

Les leaders doués peuvent également éprouver un sentiment d'isolement, en partie à cause de leur unicité. Trouver des pairs qui partagent des expériences et des perspectives similaires peut être difficile, ce qui peut conduire à un sentiment de solitude et de déconnexion. Ce défi est particulièrement aigu dans des environnements où la douance n'est pas bien comprise ou valorisée.

En outre, les leaders doués doivent souvent naviguer dans la complexité de concilier leur pensée innovante et créative avec les réalités pratiques et les contraintes de leur environnement professionnel. Leur tendance à penser de manière divergente et à explorer des solutions non conventionnelles peut parfois entrer en conflit avec des structures organisationnelles traditionnelles ou des attentes conservatrices.

Enfin, un défi clé pour les leaders doués est de trouver des moyens de canaliser efficacement leur douance. Ils doivent apprendre à équilibrer leurs aspirations personnelles avec les besoins de leur organisation, à gérer leur énergie pour éviter le surmenage, et à développer des compétences en matière de communication et de gestion d'équipe pour assurer que leur vision et leurs idées soient bien reçues et mises en œuvre.

En examinant ces défis spécifiques rencontrés par les leaders doués, nous pouvons mieux comprendre les complexités de leur expérience et les soutenir de manière plus efficace dans leur parcours de leadership. Reconnaître et aborder ces défis est essentiel pour permettre aux leaders doués de réaliser pleinement leur potentiel et de contribuer de manière significative à leurs organisations et à la société dans son ensemble.

8. Transformation Personnelle et Professionnelle

Penchons nous maintenant sur les parcours fascinants de leaders doués qui ont connu des changements significatifs dans leur vie professionnelle et personnelle. Ces récits illustrent comment les défis, les succès et les expériences variées façonnent le développement et la croissance des leaders, soulignant l'importance de l'évolution continue dans le leadership.

La transformation personnelle et professionnelle chez les leaders doués est souvent déclenchée par des moments de réalisation ou des défis cruciaux qui les poussent à réévaluer leur approche du leadership et leur compréhension d'eux-mêmes. Ces moments peuvent survenir à la suite d'un échec, d'une réussite inattendue, d'une crise personnelle ou professionnelle, ou simplement d'une prise de conscience progressive. Ces expériences servent souvent de catalyseurs pour un changement profond, incitant les leaders à développer de nouvelles perspectives et stratégies pour gérer leurs responsabilités et leurs équipes.

Un aspect clé de la transformation personnelle est l'auto-réflexion. Les leaders doués, en se confrontant à leurs propres limites, forces et faiblesses, acquièrent une compréhension plus profonde d'eux-mêmes. Cette introspection peut conduire à un changement significatif dans leur style de leadership, les amenant à adopter des approches plus empathiques, collaboratives ou innovantes. L'auto-réflexion permet également aux leaders de reconnaître et de gérer leurs propres émotions et celles des autres, une compétence essentielle dans la gestion efficace des équipes.

La transformation professionnelle, quant à elle, implique souvent l'adoption de nouvelles compétences, l'exploration de nouveaux domaines d'intérêt ou le changement de direction dans la carrière. Pour les leaders doués, cela peut signifier passer d'un rôle technique à un rôle de gestion, lancer une nouvelle entreprise, ou même changer de secteur pour poursuivre une passion ou un intérêt. Ces changements professionnels sont souvent accompagnés d'une croissance personnelle, car les leaders apprennent à s'adapter à de nouveaux environnements et à relever de nouveaux défis.

La transformation personnelle et professionnelle est également influencée par les relations et les interactions avec les autres. Les mentors, les collègues, les membres de la famille et les amis jouent souvent un rôle crucial dans le soutien et la guidance des leaders tout au long de leur parcours. Ces relations peuvent offrir des perspectives nouvelles, des encouragements et des défis constructifs, qui sont essentiels pour le développement continu du leader.

Enfin, la transformation personnelle et professionnelle chez les leaders doués est un processus continu. Elle n'est pas linéaire, mais plutôt un voyage de hauts et de bas, de découvertes et de réajustements. Ce processus exige de la résilience, de la détermination et une volonté d'apprendre et de grandir sans cesse.

En examinant les histoires de transformation personnelle et professionnelle des leaders doués, nous pouvons tirer des leçons précieuses sur l'importance de l'adaptabilité, de l'auto-réflexion et de l'apprentissage continu dans le leadership. Ces récits inspirent et encouragent les leaders actuels et futurs à embrasser le changement et à voir chaque expérience comme une opportunité de croissance et d'évolution.

Exercices et activités de réflexion

A. Journal de Réflexion sur le Leadership

C'est un exercice puissant et introspectif conçu pour aider les leaders, en particulier ceux qui sont doués, à développer une compréhension plus profonde de leur style de leadership, de leurs défis et de leurs succès. Voici comment structurer et tirer le meilleur parti de cet exercice :

Objectif :

Le but de tenir un journal de réflexion sur le leadership est de fournir un espace personnel pour l'auto-évaluation, la contemplation et la planification stratégique. Cela aide à identifier les modèles de comportement, à clarifier les pensées et les sentiments, et à documenter les leçons apprises au fil du temps.

Mise en Place :

1. **Choix du Journal** : Optez pour un journal physique ou numérique dans lequel vous vous sentez à l'aise d'écrire régulièrement. Certains peuvent préférer l'aspect tactile d'écrire à la main, tandis que d'autres peuvent choisir un journal numérique pour sa commodité et sa confidentialité.

2. **Fréquence** : Définissez un moment chaque jour pour écrire dans votre journal. Cela pourrait être le matin pour planifier la journée à venir, ou le soir pour réfléchir sur les événements de la journée.

Directives pour la Rédaction :

1. **Événements et Expériences :** Commencez par noter les événements significatifs de la journée liés à votre rôle de leader. Cela peut inclure des interactions spécifiques, des décisions prises, des défis rencontrés ou des succès.

2. **Réflexions Personnelles :** Après avoir décrit les événements, explorez vos réactions personnelles. Comment vous êtes-vous senti face à ces situations ? Quelles pensées vous traversaient l'esprit ?

3. **Analyse et Évaluation :** Réfléchissez à la manière dont vous avez géré ces situations. Qu'auriez-vous pu faire différemment ? Qu'avez-vous appris ? Y a-t-il des modèles de comportement que vous commencez à remarquer ?

4. **Plans et Objectifs :** Utilisez votre journal pour planifier des actions futures. Définissez des objectifs spécifiques pour améliorer votre leadership. Cela peut inclure le développement de compétences spécifiques, la gestion de relations difficiles ou la mise en œuvre de nouvelles stratégies de leadership.

5. **Gratitude et Réussites :** N'oubliez pas de noter les aspects positifs et les réussites. Reconnaître ce qui fonctionne bien est tout aussi important que d'identifier les domaines d'amélioration.

Révision et Réflexion Périodique :

- Prenez le temps chaque semaine ou chaque mois de relire vos entrées. Cela vous aidera à voir votre progression, à reconnaître les tendances et à ajuster vos objectifs et stratégies de leadership en conséquence.

En maintenant un "Journal de Réflexion sur le Leadership", les leaders doués peuvent acquérir une compréhension plus claire de leur propre style de leadership, de leurs forces et de leurs domaines d'amélioration. Cet exercice favorise une croissance personnelle continue et une prise de conscience de soi, des éléments essentiels pour un leadership efficace et épanouissant.

B. Auto-Évaluation des Compétences de Leadership

L'auto-évaluation des compétences de leadership est un exercice crucial pour tout leader, en particulier pour ceux qui sont doués, car elle permet une prise de conscience et une compréhension approfondie de leurs propres capacités de leadership. Voici comment structurer et tirer le meilleur parti de cet exercice :

Objectif :

L'objectif de l'auto-évaluation est de permettre aux leaders de réfléchir objectivement sur leurs compétences actuelles, d'identifier les domaines de force et les opportunités d'amélioration, et de planifier leur développement personnel et professionnel.

Étapes de l'Auto-Évaluation :

1. **Identification des Compétences Clés :**

    o   Commencez par dresser une liste des compétences clés en leadership. Cela peut inclure la communication, la prise de décision, la gestion des conflits, la motivation d'équipe, la vision stratégique, l'intelligence émotionnelle, etc.

2. **Évaluation des Compétences :**

    o   Pour chaque compétence, évaluez-vous sur une échelle de 1 à 10, où 1 signifie "besoin d'amélioration significative" et 10 signifie "excellence dans cette compétence".

    o   Soyez aussi honnête et objectif que possible dans votre évaluation.

3. **Réflexion sur les Évaluations :**

    o   Pour chaque compétence, réfléchissez sur les raisons de votre évaluation. Quels sont les exemples concrets qui justifient votre score ? Y a-t-il des situations récentes qui illustrent votre niveau de compétence ?

4. **Identification des Domaines d'Amélioration :**

o   Identifiez les compétences où votre score est le plus bas. Ce sont les domaines dans lesquels vous pourriez vous concentrer pour votre développement.

o   Réfléchissez également sur les raisons pour lesquelles ces domaines sont moins forts. Est-ce dû à un manque d'expérience, à des défis personnels, ou à d'autres facteurs ?

5. **Planification du Développement :**

o   Pour chaque domaine d'amélioration identifié, élaborez un plan d'action. Cela peut inclure la recherche de formations, la demande de feedback, la mise en place de nouvelles pratiques ou la recherche de mentorat.

o   Définissez des objectifs spécifiques et réalistes pour améliorer ces compétences.

6. **Révision et Mise à Jour Régulières :**

o   L'auto-évaluation des compétences de leadership n'est pas un exercice ponctuel. Planifiez des révisions régulières (par exemple, tous les six mois) pour évaluer vos progrès et ajuster votre plan de développement.

Conseils pour une Auto-Évaluation Efficace :

- **Soyez Honnête** : L'auto-évaluation nécessite une honnêteté rigoureuse. Ne sous-estimez ni ne surestimez vos compétences.

- **Demandez des Feedbacks** : Parfois, il est utile d'obtenir des feedbacks de collègues ou de mentors pour avoir une perspective externe.

- **Utilisez des Exemples Concrets** : Basez votre évaluation sur des exemples réels de votre travail et de vos interactions.

- **Adoptez une Attitude Positive** : Voir l'auto-évaluation comme une opportunité de croissance plutôt que comme une critique.

En effectuant régulièrement une auto-évaluation des compétences de leadership, les leaders peuvent acquérir une compréhension plus profonde de leurs forces et de leurs domaines de développement, ce qui est essentiel pour un leadership efficace et évolutif.

C. Cartographie des Influences du Leadership

La "Cartographie des Influences du Leadership" est un exercice introspectif conçu pour aider les leaders, en particulier ceux qui sont doués, à identifier et à visualiser les influences qui ont façonné leur style de leadership. Cet exercice permet de reconnaître les personnes, les expériences et les idées qui ont eu un impact significatif sur leur développement en tant que leader.

Objectif :

L'objectif de cet exercice est de permettre aux leaders de prendre conscience des diverses influences qui ont contribué à leur approche du leadership, de comprendre comment ces influences se reflètent dans leur comportement actuel, et d'identifier les domaines où ils pourraient chercher de nouvelles perspectives ou mentors.

Étapes de la Cartographie des Influences :

1. **Préparation du Matériel :**
   - Utilisez une grande feuille de papier ou un tableau numérique pour créer votre carte.
   - Préparez des marqueurs, des crayons ou utilisez des outils de dessin numériques si vous travaillez en ligne.

2. **Identification des Influences :**
   - Commencez par réfléchir aux personnes qui ont influencé votre leadership. Cela peut inclure des mentors, des collègues, des figures historiques, des auteurs, des leaders dans votre domaine, des membres de la famille, etc.
   - Pensez également aux expériences significatives (comme des réussites, des échecs, des formations, des voyages) et aux idées ou théories qui ont façonné

votre compréhension du leadership.

3. **Création de la Carte :**

o   Au centre de la page, placez votre nom ou une représentation de vous-même.

o   Autour de ce centre, commencez à placer les influences que vous avez identifiées. Utilisez des lignes pour les connecter à votre représentation centrale.

o   À côté de chaque influence, notez en quelques mots comment elle a affecté votre style de leadership.

4. **Analyse des Connexions :**

o   Une fois que toutes les influences sont placées, examinez les connexions. Y a-t-il des thèmes communs ou des contradictions ? Certaines influences sont-elles plus fortes que d'autres ?

o   Réfléchissez à la manière dont ces influences se manifestent dans votre leadership actuel.

5. **Réflexion et Planification :**

o   Sur la base de cette carte, réfléchissez aux domaines où vous pourriez chercher de nouvelles influences ou mentors pour équilibrer ou enrichir votre style de leadership.

o   Pensez à des domaines de compétence ou de perspective que vous n'avez pas encore explorés.

Conseils pour une Cartographie Efficace :

- **Soyez Complet** : Essayez d'inclure toutes les influences, même celles qui semblent mineures. Parfois, les influences les moins évidentes peuvent avoir un impact significatif.

- **Utilisez la Visualisation** : La représentation visuelle peut aider à clarifier et à consolider votre compréhension de la manière dont différentes influences interagissent.

- **Soyez Réfléchi** : Prenez le temps de réellement réfléchir à l'impact de chaque influence, plutôt que de simplement les lister.

En réalisant une "Cartographie des Influences du Leadership", les leaders peuvent acquérir une compréhension plus nuancée de leur propre développement en tant que leader et identifier des opportunités pour une croissance future. Cet exercice est particulièrement utile pour les leaders doués qui cherchent à comprendre la complexité de leur propre style de leadership et à explorer de nouvelles voies pour leur développement personnel et professionnel.

D. Analyse de Cas de Leadership

C'est une activité approfondie conçue pour aider les leaders, en particulier ceux qui sont doués, à développer leur compréhension et leurs compétences en leadership à travers l'étude de cas réels ou hypothétiques. Cet exercice permet d'explorer différentes stratégies de leadership, de résolution de problèmes et de prise de décision.

Objectif :

L'objectif de cet exercice est de permettre aux leaders d'analyser des situations de leadership complexes, de comprendre les différentes dynamiques en jeu, et d'appliquer des concepts théoriques à des scénarios pratiques. Cela aide à développer la pensée critique, l'empathie et la capacité à envisager diverses solutions.

Étapes de l'Analyse de Cas de Leadership :

1. **Sélection du Cas :**
   - Choisissez un cas de leadership réel ou hypothétique. Cela peut être un cas tiré d'une étude de cas publiée, d'un événement d'actualité, ou d'une situation que vous avez personnellement vécue ou observée.
   - Assurez-vous que le cas est suffisamment complexe pour permettre une analyse détaillée.

2. **Description du Cas :**
   - Décrivez en détail la situation, y compris le contexte, les personnages impliqués, les défis rencontrés et les actions prises.
   - Notez les objectifs et les enjeux du leader principal dans le cas.

3. **Identification des Problèmes Clés :**

o   Identifiez les problèmes et défis clés que le leader doit résoudre dans le cas.

o   Réfléchissez aux facteurs sous-jacents qui contribuent à ces problèmes.

4. **Analyse des Actions et Décisions :**

o   Examinez les actions et décisions prises par le leader dans le cas.

o   Évaluez l'efficacité de ces actions : ont-elles été réussies ? Quels étaient leurs points forts et leurs faiblesses ?

5. **Application des Théories de Leadership :**

o   Reliez les actions et les décisions du leader aux théories de leadership que vous avez étudiées. Comment ces théories éclairent-elles ou expliquent-elles le comportement du leader ?

o   Considérez si d'autres approches théoriques auraient pu être plus efficaces dans ce contexte.

6. **Proposition de Solutions Alternatives :**

o   Sur la base de votre analyse, proposez des stratégies ou des décisions alternatives que le leader aurait pu prendre.

o   Expliquez comment ces alternatives auraient pu changer l'issue de la situation.

7. **Réflexion Personnelle :**

o   Réfléchissez à ce que vous auriez fait

différemment dans la même situation.

o   Identifiez les leçons que vous pouvez tirer de ce cas pour votre propre développement en tant que leader.

Conseils pour une Analyse Efficace :

- **Soyez Objectif :** Essayez de rester objectif dans votre analyse, en évitant les biais personnels.

- **Utilisez des Exemples Concrets :** Appuyez vos arguments et analyses avec des exemples spécifiques tirés du cas.

- **Soyez Critique :** N'hésitez pas à critiquer les actions du leader si nécessaire, mais faites-le de manière constructive.

En réalisant régulièrement des "Analyses de Cas de Leadership", les leaders peuvent affiner leur compréhension des dynamiques complexes du leadership, améliorer leur capacité à penser de manière critique et stratégique, et appliquer des leçons apprises à leur propre pratique du leadership.

E. Exercice de Scénario de Leadership

C'est une activité pratique conçue pour aider les leaders, en particulier ceux qui sont doués, à développer leurs compétences en résolution de problèmes, en prise de décision et en gestion des situations complexes. Cet exercice implique de se plonger dans un scénario hypothétique de leadership, d'analyser les défis présentés et de formuler des stratégies pour les aborder efficacement.

Objectif :

L'objectif de cet exercice est de permettre aux leaders de mettre en pratique leurs compétences de leadership dans un environnement contrôlé, en les encourageant à penser de manière créative et stratégique face à des défis hypothétiques mais réalistes.

Étapes de l'Exercice de Scénario de Leadership :

1. **Choix ou Création du Scénario :**

   o   Sélectionnez ou créez un scénario de leadership qui présente un défi ou une situation complexe. Cela peut être basé sur des cas réels, des études de cas existantes, ou des situations hypothétiques.

   o   Assurez-vous que le scénario est suffisamment détaillé pour offrir un contexte réaliste, y compris les informations sur l'organisation, les équipes, les enjeux et les objectifs.

2. **Analyse du Scénario :**

   o   Lisez attentivement le scénario et identifiez les principaux problèmes et défis à résoudre.

   o   Prenez en compte les facteurs environnementaux, organisationnels et personnels qui peuvent influencer la situation.

3. **Formulation des Stratégies :**

- En vous mettant dans la peau du leader dans le scénario, réfléchissez aux différentes stratégies que vous pourriez utiliser pour gérer la situation.
- Considérez diverses approches, y compris la communication, la gestion des conflits, la prise de décision et la motivation des équipes.

4. **Prise de Décision :**

- Décidez des actions spécifiques que vous prendriez pour aborder les défis présentés dans le scénario.
- Justifiez vos décisions en expliquant comment elles contribueraient à résoudre les problèmes et à atteindre les objectifs.

5. **Évaluation des Conséquences :**

- Réfléchissez aux conséquences potentielles de vos actions, tant positives que négatives.
- Pensez à la manière dont vos décisions pourraient affecter les différentes parties prenantes impliquées dans le scénario.

6. **Discussion et Feedback :**

- Si possible, discutez de votre approche avec un mentor, un collègue ou dans un groupe de pairs. Obtenez des feedbacks sur vos stratégies et décisions.
- Comparez vos approches avec celles

des autres pour explorer différentes perspectives.

Conseils pour un Exercice Efficace :

- **Soyez Réaliste** : Même si le scénario est hypothétique, essayez de rester réaliste dans vos réponses.

- **Pensez Critiquement** : Analysez le scénario sous tous ses angles et n'ayez pas peur de remettre en question les hypothèses.

- **Soyez Créatif** : Utilisez cet exercice comme une opportunité pour explorer des solutions créatives et innovantes.

En pratiquant régulièrement l'"Exercice de Scénario de Leadership", les leaders peuvent affiner leur capacité à gérer des situations complexes, à prendre des décisions éclairées et à développer des stratégies efficaces dans divers contextes de leadership. Cela les aide à se préparer pour des défis réels dans leur rôle de leader.

F. Plan de Développement Personnel

Le Plan de Développement Personnel est un exercice essentiel pour les leaders, en particulier ceux qui sont doués, car il leur permet de structurer et de guider leur croissance et leur évolution en tant que leaders. Cet exercice implique de définir des objectifs de développement spécifiques, de planifier des actions pour les atteindre et de mettre en place un système de suivi et d'évaluation.

Objectif :

L'objectif de cet exercice est de permettre aux leaders de prendre en main leur développement personnel et professionnel en établissant des objectifs clairs et en planifiant des actions concrètes pour les atteindre. Cela aide à assurer une croissance continue et ciblée dans les domaines clés du leadership.

Étapes du Plan de Développement Personnel :

1. **Auto-Évaluation :**
    - Commencez par une auto-évaluation honnête de vos compétences de leadership actuelles. Identifiez vos points forts ainsi que les domaines nécessitant une amélioration.
    - Utilisez des outils tels que des questionnaires d'auto-évaluation, des feedbacks de collègues, ou des réflexions personnelles.

2. **Définition des Objectifs de Développement :**
    - Sur la base de votre auto-évaluation, définissez des objectifs de développement spécifiques. Ces objectifs doivent être SMART (Spécifiques, Mesurables, Atteignables, Réalistes, Temporellement définis).
    - Exemples d'objectifs : améliorer les compétences en communication,

développer une meilleure gestion du stress, renforcer les capacités de prise de décision.

3. **Planification des Actions :**

o   Pour chaque objectif, planifiez des actions concrètes. Cela peut inclure la participation à des formations, la lecture de livres spécifiques, la recherche de mentorat, ou la mise en œuvre de nouvelles pratiques de leadership.

o   Définissez des échéances pour chaque action pour maintenir le cap sur votre développement.

4. **Ressources et Soutien :**

o   Identifiez les ressources dont vous aurez besoin pour atteindre vos objectifs. Cela peut inclure des matériaux éducatifs, des personnes-ressources, ou des budgets spécifiques.

o   Pensez également au soutien dont vous pourriez avoir besoin, que ce soit de la part de mentors, de collègues ou de coachs professionnels.

5. **Suivi et Évaluation :**

o   Mettez en place un système pour suivre vos progrès. Cela peut être un journal, un tableau de suivi, ou des réunions régulières avec un mentor ou un coach.

o   Évaluez régulièrement vos progrès par rapport à vos objectifs et ajustez votre plan si nécessaire.

Conseils pour un Plan de Développement Personnel Efficace :

- **Soyez Réaliste :** Fixez des objectifs et des plans d'action qui sont réalistes et réalisables compte tenu de vos autres engagements et responsabilités.

- **Soyez Flexible :** Soyez prêt à ajuster votre plan en fonction des changements dans votre situation professionnelle ou personnelle.

- **Soyez Engagé :** Le développement personnel nécessite un engagement et une discipline constants. Prenez cet exercice au sérieux et consacrez-lui le temps et l'attention nécessaires.

En élaborant et en suivant un "Plan de Développement Personnel", les leaders peuvent s'assurer qu'ils progressent de manière structurée et intentionnelle dans leur parcours de leadership. Cet exercice est particulièrement bénéfique pour les leaders doués qui cherchent à canaliser leurs talents et compétences de manière stratégique pour maximiser leur impact et leur efficacité.

G. Exercice de Feedback 360 Degrés

L'"Exercice de Feedback 360 Degrés" est une méthode d'évaluation complète qui permet aux leaders, en particulier ceux qui sont doués, de recevoir des retours constructifs sur leur performance de la part d'un large éventail de personnes avec lesquelles ils interagissent. Cet exercice implique de recueillir des feedbacks de supérieurs, de collègues, de subordonnés et parfois même de clients ou d'autres parties prenantes externes.

Objectif :

L'objectif de cet exercice est de fournir une perspective holistique sur les compétences, les comportements et les impacts d'un leader. Il aide à identifier les points forts ainsi que les domaines d'amélioration potentiels, offrant ainsi une base solide pour le développement personnel et professionnel.

Étapes de l'Exercice de Feedback 360 Degrés :

1. **Préparation :**
   - Choisissez un outil ou un service de feedback 360 degrés. De nombreux outils en ligne offrent des structures et des questionnaires standardisés pour faciliter le processus.
   - Informez les participants sur le but de l'exercice et assurez-vous qu'ils comprennent l'importance de fournir des retours honnêtes et constructifs.

2. **Sélection des Participants :**
   - Sélectionnez un groupe diversifié de personnes qui peuvent fournir des insights sur différents aspects de votre

leadership. Cela devrait inclure des personnes qui vous supervisent, vos pairs, vos subordonnés directs et, si possible, des clients ou d'autres parties externes.

o   Assurez-vous que les participants représentent un éventail suffisamment large pour obtenir une perspective complète.

3. **Collecte des Feedbacks :**

o   Utilisez l'outil de feedback 360 degrés pour recueillir des retours anonymes. Les questionnaires devraient couvrir divers aspects du leadership, tels que la communication, la prise de décision, la gestion d'équipe, l'innovation, et l'intelligence émotionnelle.

o   Encouragez les participants à fournir des exemples spécifiques pour étayer leurs commentaires.

4. **Analyse des Résultats :**

o   Une fois les feedbacks recueillis, analysez les résultats pour identifier les tendances, les points forts et les domaines d'amélioration.

o   Faites attention aux écarts entre la façon dont vous vous percevez et la façon dont les autres vous perçoivent.

5. **Planification du Développement :**

o   Sur la base des résultats, identifiez

les domaines clés sur lesquels vous souhaitez travailler.

○ Élaborez un plan de développement personnel pour aborder ces domaines, en incluant des objectifs spécifiques, des actions et des échéances.

6. **Suivi** :

○ Partagez vos plans de développement avec un mentor, un coach ou un superviseur pour obtenir un soutien et des conseils supplémentaires.

○ Envisagez de refaire l'exercice de feedback 360 degrés après une période pour évaluer vos progrès.

Conseils pour un Exercice Efficace :

● **Soyez Ouvert et Réceptif** : Abordez l'exercice avec une attitude ouverte et prête à apprendre. Ne prenez pas les critiques personnellement, mais comme des opportunités de croissance.

● **Assurez la Confidentialité** : Garantissez l'anonymat des participants pour encourager l'honnêteté et la franchise dans les feedbacks.

● **Agissez sur les Résultats** : Utilisez les informations recueillies pour faire des changements concrets dans votre comportement et votre approche du leadership.

En réalisant un "Exercice de Feedback 360

Degrés", les leaders peuvent obtenir une compréhension complète de leur performance et de leur impact, ce qui est crucial pour un développement continu et efficace en tant que leader.

H. Méditation et Mindfulness pour Leaders

La pratique de la "Méditation et Mindfulness pour Leaders" est un exercice essentiel pour les leaders, en particulier ceux qui sont doués, car elle aide à développer la concentration, la clarté d'esprit et la gestion des émotions. Cette pratique implique des techniques de méditation et de pleine conscience adaptées spécifiquement pour renforcer les compétences de leadership.

Objectif :

L'objectif de cet exercice est d'aider les leaders à améliorer leur bien-être mental, à gérer le stress et à augmenter leur efficacité dans la prise de décision et la gestion des relations. La méditation et la pleine conscience peuvent également améliorer la capacité à rester calme et centré dans des situations de leadership difficiles.

Étapes de la Méditation et Mindfulness pour Leaders :

1. **Introduction à la Méditation :**

   ○ Commencez par des séances de méditation de base, en vous concentrant sur la respiration ou la méditation guidée.

- o   Utilisez des applications de méditation ou suivez des cours en ligne pour vous familiariser avec les techniques.

2. **Pratique Régulière :**

- o   Intégrez la méditation dans votre routine quotidienne. Même 10 à 15 minutes par jour peuvent être bénéfiques.
- o   Trouvez un moment et un lieu calmes où vous ne serez pas dérangé.

3. **Techniques de Pleine Conscience :**

- o   En plus de la méditation assise, pratiquez la pleine conscience dans vos activités quotidiennes. Cela peut inclure la pleine conscience en mangeant, en marchant ou lors de réunions.
- o   Concentrez-vous sur l'instant présent, en observant vos pensées et sensations sans jugement.

4. **Application au Leadership :**

- o   Réfléchissez à la manière dont la méditation et la pleine conscience peuvent influencer votre style de leadership. Comment cela affecte-t-il votre communication, votre gestion du stress et votre prise de décision ?
- o   Utilisez des moments de pleine conscience pour aborder les situations de leadership avec plus de calme et de clarté.

5. **Journal de Réflexion :**

o	Tenez un journal pour noter vos expériences et réflexions liées à la pratique de la méditation et de la pleine conscience.

o	Notez les changements que vous observez dans votre comportement de leader et dans votre bien-être général.

6. **Approfondissement de la Pratique :**

o	Au fur et à mesure que vous devenez plus à l'aise avec ces pratiques, explorez des techniques plus avancées ou participez à des retraites de méditation.

o	Considérez l'apprentissage de techniques spécifiques pour gérer des émotions comme l'anxiété ou la colère.

Conseils pour une Pratique Efficace :

- **Soyez Patient :** La méditation et la pleine conscience nécessitent de la pratique et de la patience. Ne vous découragez pas si les résultats ne sont pas immédiats.

- **Soyez Consistant :** La régularité est clé. Essayez de pratiquer tous les jours, même pour de courtes périodes.

- **Intégrez dans le Leadership :** Réfléchissez activement à la manière dont ces pratiques peuvent améliorer vos compétences de leadership.

En intégrant la méditation et la pleine conscience dans leur routine, les leaders peuvent développer une plus grande maîtrise de soi, une meilleure gestion des émotions et une clarté d'esprit accrue, ce qui est essentiel pour un leadership efficace et équilibré.

Interviews avec des Experts

A. **Interview avec Dr. Claire Hernandez, Psychologue Spécialisée en Douance**

Q1 : Définition de la Douance : "Pouvez-vous nous expliquer ce que signifie être 'doué' et comment cela se manifeste-t-il généralement chez les individus ?"

Dr. Hernandez : "La douance se réfère à un niveau élevé de capacités intellectuelles, souvent couplé avec une créativité exceptionnelle et une curiosité insatiable. Cela se manifeste généralement par une capacité d'apprentissage rapide, une pensée complexe et une grande sensibilité aux stimuli environnementaux. Les individus doués peuvent montrer un intérêt profond pour un ou plusieurs domaines spécifiques dès un jeune âge."

Q2 : Douance et Leadership : "En quoi la douance influence-t-elle les capacités de leadership d'un individu ? Y a-t-il des traits spécifiques de leadership qui sont plus communs chez les personnes douées ?"

Dr. Hernandez : "Les individus doués ont souvent une vision holistique et peuvent anticiper les conséquences à long terme de leurs décisions, ce qui est crucial pour un leadership efficace. Ils tendent à être des penseurs innovants et des résolveurs de problèmes créatifs. Cependant, leur sensibilité et leur perfectionnisme peuvent parfois être perçus comme de l'exigence, nécessitant une gestion équilibrée pour être des leaders empathiques et compréhensifs."

Q3 : Défis pour les Leaders Doués : "Quels sont les défis uniques auxquels les leaders doués peuvent être confrontés dans un environnement professionnel ? Comment peuvent-ils les surmonter ?"

Dr. Hernandez : "Les leaders doués peuvent se sentir frustrés par la lenteur des processus ou par le manque de compréhension de leurs idées innovantes. Ils peuvent aussi éprouver un sentiment d'isolement en raison de leur pensée unique. Pour surmonter ces défis, il est important qu'ils développent des compétences en communication et en gestion d'équipe, et qu'ils apprennent à valoriser les contributions diverses de leurs collègues."

Q4 : Gestion des Émotions et Sensibilité : "Les personnes douées sont souvent décrites comme étant plus sensibles émotionnellement. Comment cela affecte-t-il leur rôle en tant que leaders et comment peuvent-ils gérer efficacement cette sensibilité ?"

Dr. Hernandez : "Cette sensibilité accrue peut être une force, car elle permet une grande empathie et compréhension des besoins des autres. Cependant, elle peut aussi conduire à une surcharge émotionnelle. Les leaders doués doivent donc apprendre à reconnaître et à gérer leurs propres émotions, et à établir des limites saines pour maintenir leur bien-être émotionnel."

Q5 : Stratégies de Développement pour les Leaders Doués : "Quelles stratégies de développement personnel et professionnel recommanderiez-vous aux leaders doués pour maximiser leur potentiel ?"

Dr. Hernandez : "Je recommande une approche holistique qui inclut le développement de compétences en communication, la gestion du stress, et la formation en leadership empathique. Il est également bénéfique pour eux de chercher des mentors et des réseaux de soutien qui comprennent et valorisent la douance."

Q6 : Rôle des Organisations dans le Soutien aux Leaders Doués : "Comment les organisations peuvent-elles mieux reconnaître et soutenir les leaders doués au sein de leur personnel ?"

Dr. Hernandez : "Les organisations doivent créer des environnements qui reconnaissent et valorisent la diversité intellectuelle et créative. Cela peut inclure des programmes de développement spécifiques, des opportunités de mentorat, et des politiques qui encouragent l'innovation et la prise de risque calculée."

Q7 : Conseils pour les Leaders Doués : "Quels

conseils donneriez-vous à quelqu'un qui se découvre doué et aspire à devenir un leader efficace ?"

Dr. Hernandez : "Prenez le temps de comprendre vos propres forces et défis en tant que personne douée. Cultivez la patience et l'empathie, non seulement envers les autres, mais aussi envers vous-même. Et n'oubliez pas que le leadership est un voyage d'apprentissage continu ; soyez ouvert au feedback et engagé dans votre développement personnel et professionnel."

B.   Entretien avec Marc Lefèvre, Coach de Leadership Réputé

Q1 : Philosophie de Coaching : "Pourriez-vous partager votre philosophie ou approche en matière de coaching de leadership ? Comment adaptez-vous cette approche pour les leaders doués ?"

Marc Lefèvre : "Ma philosophie de coaching repose sur l'individualisation - comprendre les besoins, les forces et les défis uniques de chaque leader. Pour les leaders doués, je mets l'accent sur l'exploitation de leur potentiel intellectuel tout en équilibrant leurs compétences émotionnelles et interpersonnelles. Je travaille avec eux pour transformer leur pensée profonde et leur créativité en stratégies de leadership efficaces."

Q2 : Traits de Leaders Doués : "Selon votre expérience, quels sont les traits distinctifs des leaders doués ? Comment ces traits influencent-ils leur style de leadership ?"

Marc Lefèvre : "Les leaders doués ont souvent une pensée analytique rapide, une curiosité insatiable et une capacité à résoudre des problèmes complexes. Cependant, ils peuvent parfois être perçus comme trop critiques ou impatients. Mon rôle est de les aider à canaliser leur intelligence de manière constructive et à développer de l'empathie et de la patience dans leur style de leadership."

Q3 : Défis Spécifiques pour les Leaders Doués : "Quels défis uniques les leaders doués rencontrent-ils souvent ? Comment les aidez-vous à naviguer et à surmonter ces défis ?"

Marc Lefèvre : "Les leaders doués peuvent se sentir isolés en raison de leur pensée unique et faire face à des frustrations liées à la gestion des attentes. Je les aide à développer des compétences en communication et en gestion d'équipe pour mieux connecter avec leurs collègues et à apprendre à valoriser les contributions diverses."

Q4 : Développement des Compétences de Leadership : "Quelles compétences de leadership sont cruciales pour les leaders doués ? Comment les encouragez-vous à développer et à affiner ces compétences ?"

Marc Lefèvre : "Outre les compétences intellectuelles, les compétences telles que l'intelligence émotionnelle, la communication empathique et la gestion d'équipe sont essentielles. J'encourage les leaders doués à se concentrer sur ces domaines à travers des formations ciblées, des retours d'expérience et des mises en situation."

Q5 : Gestion des Émotions et du Stress : "La gestion des émotions et du stress peut être particulièrement difficile pour les leaders doués. Quelles stratégies recommandez-vous pour gérer efficacement ces aspects ?"

Marc Lefèvre : "Je recommande des techniques de pleine conscience et de gestion du stress, comme la méditation ou le yoga. Il est également important de développer une routine d'autoréflexion pour comprendre et réguler leurs émotions."

Q6 : Conseils pour les Leaders Aspirants Doués : "Quels conseils donneriez-vous à un individu doué qui aspire à devenir un leader ? Y a-t-il des pièges courants à éviter ?"

Marc Lefèvre : "Soyez ouvert à l'apprentissage et à la croissance continue. Ne laissez pas votre intelligence vous isoler ; cherchez activement des feedbacks et des perspectives diverses. Évitez le piège de l'arrogance intellectuelle et valorisez les compétences interpersonnelles autant que les compétences techniques."

Q7 : Rôle des Organisations dans le Développement du Leadership : "Comment les organisations peuvent-elles soutenir le développement de leurs leaders doués ? Quel rôle jouent-elles dans la facilitation de leur croissance ?"

Marc Lefèvre : "Les organisations doivent créer un environnement qui reconnaît et valorise la douance. Cela inclut des opportunités de formation continue, des programmes de mentorat, et une culture qui encourage l'innovation et la prise de risque calculée."

Q8 : Tendances Futures en Coaching de Leadership : "Quelles tendances prévoyez-vous dans le domaine du coaching de leadership dans les années à venir, en particulier pour les leaders doués ?"

Marc Lefèvre : "Je vois une tendance croissante vers la personnalisation du coaching, avec une attention accrue à la santé mentale et au bien-être. Pour les leaders doués, il y aura un accent sur l'équilibre entre les compétences intellectuelles et émotionnelles et sur la gestion de la diversité et de l'inclusion dans les équipes."

C.   Discussion avec Alexandre Santucci, CEO et Fondateur de TechInnov

Q1 : Parcours Personnel et Professionnel : "Pouvez-vous nous parler de votre parcours ? Comment avez-vous découvert et embrassé votre douance dans votre carrière ?"

Alexandre Santucci : "Mon parcours a été marqué par une curiosité insatiable et un désir constant d'apprendre. J'ai toujours eu une facilité à comprendre des concepts complexes, ce qui m'a aidé dans mes études et ma carrière. J'ai reconnu ma douance assez tôt, mais c'est en entrant dans le monde des affaires que j'ai vraiment commencé à l'embrasser. J'ai utilisé ma capacité à résoudre des problèmes de manière créative pour innover et diriger mon entreprise."

Q2 : Influence de la Douance sur le Leadership : "De quelle manière pensez-vous que votre douance a influencé votre style de leadership et votre approche de la gestion d'entreprise ?"

Alexandre Santucci : "Ma douance m'a permis d'adopter une vision globale et d'anticiper les tendances futures, ce qui est crucial dans le secteur technologique. Elle influence également ma prise de décision, me permettant d'analyser rapidement les situations et de trouver des solutions innovantes. Cela a certainement façonné mon approche de la gestion d'entreprise, en privilégiant l'innovation et la pensée stratégique."

Q3 : Défis et Opportunités : "Quels défis spécifiques avez-vous rencontrés en tant que leader doué ? Comment avez-vous transformé ces défis en opportunités ?"

Alexandre Santucci : "Un des plus grands défis a été de communiquer mes idées de manière à ce qu'elles soient comprises et acceptées par tous. J'ai dû apprendre à adapter mon langage et à être plus patient. J'ai transformé ce défi en opportunité en développant mes compétences en communication et en leadership, ce qui a renforcé ma capacité à diriger efficacement mon équipe."

Q4 : Stratégies de Gestion et de Croissance : "Quelles stratégies avez-vous utilisées pour gérer et développer votre entreprise ? Y a-t-il des approches que vous attribuez spécifiquement à votre douance ?"

Alexandre Santucci : "J'ai toujours privilégié une approche basée sur les données et la recherche pour prendre des décisions. Ma capacité à analyser rapidement de grandes quantités d'informations et à détecter des modèles sous-jacents a été un atout majeur. Cela m'a permis de prendre des décisions éclairées et d'innover constamment."

Q5 : Gestion des Relations et des Équipes : "Comment gérez-vous les relations au sein de votre entreprise ? Comment votre douance influence-t-elle votre interaction avec vos équipes ?"

Alexandre Santucci : "Je m'efforce de créer un environnement où chaque membre de l'équipe se sent valorisé et capable de contribuer. Ma douance m'aide à comprendre les besoins et les motivations de mes employés, ce qui est essentiel pour construire des relations solides et une culture d'entreprise positive."

Q6 : Conseils pour les Leaders Doués Aspirants : "Quels conseils donneriez-vous à d'autres individus doués qui aspirent à des rôles de leadership ou à entreprendre ?"

Alexandre Santucci : "Ne sous-estimez pas l'importance des compétences interpersonnelles et émotionnelles. La douance intellectuelle est un atout, mais la capacité à inspirer, à communiquer et à connecter avec les autres est tout aussi importante. Soyez ouverts à l'apprentissage et à l'évolution constante."

Q7 : **Équilibre Personnel et Professionnel** : "Comment parvenez-vous à maintenir un équilibre entre vos responsabilités professionnelles et votre vie personnelle ?"

Alexandre Santucci : "Cela nécessite une planification et une discipline constantes. Je m'assure de définir des limites claires entre mon travail et ma vie personnelle. Je prends également du temps pour mes hobbies et ma famille, ce qui est essentiel pour mon bien-être global."

Q8 : Vision Future et Innovations : "Quelles sont vos visions pour l'avenir de votre entreprise ? Comment envisagez-vous d'innover et de diriger dans votre secteur ?"

Alexandre Santucci : "Je vois TechInnov à la pointe de l'innovation technologique, en continuant à développer des solutions qui répondent aux défis mondiaux. Nous prévoyons d'explorer de nouveaux domaines tels que l'intelligence artificielle et l'Internet des objets. Mon objectif est de rester flexible et adaptable, en anticipant et en répondant aux changements rapides de notre secteur."

**D.	Interview avec Dr. Sophie Le Fur, Experte en Diversité et Inclusion**

Q1 : Rôle de la Diversité et de l'Inclusion dans le Leadership : "Pouvez-vous expliquer pourquoi la diversité et l'inclusion sont essentielles dans le leadership moderne ? Comment cela affecte-t-il les organisations ?"

Dr. Sophie Le Fur : "La diversité et l'inclusion sont cruciales car elles apportent des perspectives variées, stimulent l'innovation et reflètent notre société globale. Dans le leadership moderne, elles favorisent la créativité et la résolution de problèmes en intégrant des expériences et des idées diverses. Pour les organisations, cela se traduit par une meilleure compréhension du marché, une plus grande satisfaction des employés et une performance accrue."

Q2 : Défis Spécifiques pour les Leaders Doués : "Les leaders doués font-ils face à des défis uniques en matière de diversité et d'inclusion ? Comment peuvent-ils les surmonter ?"

Dr. Sophie Le Fur : "Les leaders doués peuvent parfois être tellement concentrés sur leurs idées qu'ils en oublient la diversité des perspectives. Pour surmonter cela, ils doivent développer une écoute active et une empathie, en cherchant activement à comprendre et à valoriser les contributions de tous les membres de leur équipe."

Q3 : Stratégies pour Promouvoir la Diversité et l'Inclusion : "Quelles stratégies recommandez-vous aux organisations pour promouvoir efficacement la diversité et l'inclusion au sein de leurs équipes de leadership ?"

Dr. Sophie Le Fur : "Les organisations doivent intégrer la diversité et l'inclusion dans leur stratégie globale. Cela inclut la formation des leaders à la diversité, la mise en place de politiques de recrutement inclusives, et la création d'espaces de dialogue ouverts. Il est également important de fixer des objectifs clairs et mesurables pour la diversité et l'inclusion."

Q4 : Mesurer l'Impact de la Diversité et de l'Inclusion : "Comment les organisations peuvent-elles mesurer l'impact de leurs initiatives de diversité et d'inclusion ? Quels sont les indicateurs clés de succès ?"

Dr. Sophie Le Fur : "Les indicateurs clés incluent la représentation démographique à différents niveaux de l'organisation, les résultats des enquêtes de satisfaction des employés, et les taux de rétention des employés issus de groupes sous-représentés. Il est également important de mesurer l'impact sur la performance de l'entreprise, comme l'innovation et la croissance du marché."

Q5 : Conseils pour les Leaders Aspirants : "Quels conseils donneriez-vous aux leaders doués qui cherchent à intégrer la diversité et l'inclusion dans leur style de leadership ?"

Dr. Sophie Le Fur : "Restez ouverts et curieux envers les expériences des autres. Cherchez activement à inclure des voix diverses dans les prises de décision et soyez conscients de vos propres biais. La formation continue et l'auto-réflexion sont également essentielles."

Q6 : Tendances et Évolutions Futures : "Quelles sont les tendances actuelles en matière de diversité et d'inclusion dans le leadership ? Comment voyez-vous ces domaines évoluer dans le futur ?"

Dr. Sophie Le Fur : "Nous observons une prise de conscience croissante de l'importance de la diversité cognitive en plus de la diversité démographique. À l'avenir, je vois une intégration encore plus profonde de la diversité et de l'inclusion dans les stratégies d'entreprise, avec un accent sur la création d'environnements de travail véritablement inclusifs."

Q7 : Rôle des Leaders dans la Culture d'Inclusion : "Comment les leaders peuvent-ils cultiver une culture d'inclusion au sein de leurs organisations ? Quel est l'impact d'une telle culture sur la performance globale ?"

Dr. Sophie Le Fur : "Les leaders doivent être des modèles en matière d'inclusion. Cela signifie pratiquer l'écoute active, valoriser les contributions de chacun et créer un environnement où tous se sentent en sécurité et respectés. Une culture d'inclusion améliore l'engagement des employés, favorise l'innovation et améliore la performance globale."

Q8 : Exemples de Réussite : "Pouvez-vous partager des exemples d'organisations ou de leaders qui ont réussi à intégrer la diversité et l'inclusion de manière exemplaire ?"

Dr. Sophie Le Fur : "Des entreprises comme Google et Microsoft ont mis en place des initiatives de diversité et d'inclusion impressionnantes, avec des programmes de mentorat, des groupes de ressources pour les employés et des politiques de recrutement inclusives. Des leaders comme Satya Nadella de Microsoft et Sundar Pichai de Google sont des exemples de dirigeants qui intègrent activement la diversité et l'inclusion dans leur leadership."

E.   Discussion avec Léo Moreau, Entrepreneur Doué et Fondateur de GreenTech Innovations

Q1 : Parcours et Découverte de la Douance : "Pouvez-vous nous parler de votre parcours en tant qu'entrepreneur ? Comment avez-vous découvert et utilisé votre douance dans votre carrière entrepreneuriale ?"

Léo Moreau : "Mon parcours entrepreneurial a commencé très tôt. J'ai toujours eu une passion pour la technologie et l'environnement. J'ai découvert ma douance à l'école, où j'étais souvent en avance sur mes camarades. Dans ma carrière, cela s'est traduit par une capacité à saisir rapidement de nouvelles opportunités et à résoudre des problèmes complexes, ce qui est essentiel dans l'entrepreneuriat."

Q2 : Influence de la Douance sur l'Entrepreneuriat : "De quelle manière pensez-vous que votre douance a influencé votre approche de l'entrepreneuriat ? Y a-t-il des aspects spécifiques de votre douance qui ont été particulièrement bénéfiques ?"

Léo Moreau : "Ma douance m'a donné la capacité de penser de manière innovante et de voir au-delà des solutions conventionnelles. Cela a été particulièrement bénéfique pour développer des produits et services novateurs. Ma curiosité et ma capacité d'apprentissage rapide m'ont également aidé à m'adapter rapidement aux changements du marché."

Q3 : Défis et Opportunités : "En tant qu'entrepreneur doué, quels défis uniques avez-vous rencontrés ? Comment avez-vous transformé ces défis en opportunités ?"

Léo Moreau : "Le principal défi a été de communiquer mes idées complexes de manière simple et compréhensible. J'ai appris à être plus patient et à écouter activement les feedbacks pour améliorer mes produits. J'ai transformé ces défis en opportunités en me concentrant sur la formation d'une équipe solide qui complète mes compétences."

Q4 : Stratégies de Gestion et de Croissance : "Quelles stratégies avez-vous utilisées pour gérer et développer votre entreprise ? Comment votre douance a-t-elle influencé ces stratégies ?"

Léo Moreau : "J'ai adopté une approche centrée sur l'innovation continue et l'adaptabilité. Ma douance m'a aidé à anticiper les tendances et à prendre des décisions stratégiques basées sur des analyses approfondies. J'ai également mis l'accent sur le développement durable, un domaine où ma capacité à voir le 'grand tableau' a été un atout."

Q5 : Gestion des Relations et des Équipes : "Comment gérez-vous les relations et les équipes au sein de votre entreprise ? Comment votre douance influence-t-elle ces interactions ?"

Léo Moreau : "Je valorise la diversité des idées et encourage l'innovation au sein de mon équipe. Ma douance m'aide à comprendre rapidement les points forts de chacun et à les utiliser de manière optimale. Je m'efforce de créer un environnement où la créativité est encouragée et où chaque membre de l'équipe se sent valorisé."

Q6 : Conseils pour les Entrepreneurs Doués Aspirants : "Quels conseils donneriez-vous à d'autres individus doués qui aspirent à devenir entrepreneurs ?"

Léo Moreau : "Suivez votre passion et n'ayez pas peur de prendre des risques calculés. La douance vous donne un avantage, mais le succès dépend aussi de votre capacité à apprendre de vos échecs et à persévérer. Entourez-vous de personnes qui complètent vos compétences et qui partagent votre vision."

Q7 : Équilibre Personnel et Professionnel : "Comment parvenez-vous à maintenir un équilibre entre vos responsabilités entrepreneuriales et votre vie personnelle ?"

Léo Moreau : "Cela nécessite une gestion rigoureuse du temps et des priorités claires. Je m'assure de dédier du temps à ma famille et à mes loisirs pour me ressourcer. L'équilibre est essentiel pour maintenir ma créativité et ma motivation."

Q8 : Vision et Innovation : "Quelles sont vos visions pour l'avenir de votre entreprise ? Comment envisagez-vous d'innover et de diriger dans votre secteur ?"

Léo Moreau : "Je vois GreenTech Innovations comme un leader dans le développement de solutions technologiques durables. Nous envisageons d'innover en intégrant l'intelligence artificielle dans la gestion des ressources naturelles. Mon objectif est de continuer à repousser les limites de ce qui est possible dans le domaine de la technologie environnementale."

F.   Interview avec Jeanne Chopard, Consultante en Gestion du Changement

Q1 : Rôle de la Gestion du Changement : "Pouvez-vous expliquer l'importance de la gestion du changement dans les organisations modernes ? Comment cela affecte-t-il les leaders, en particulier ceux qui sont doués ?"

Jeanne Chopard : "La gestion du changement est cruciale pour assurer que les organisations s'adaptent efficacement aux évolutions du marché et aux nouvelles technologies. Pour les leaders, et particulièrement ceux qui sont doués, cela implique de naviguer dans des eaux inconnues avec agilité et vision. Les leaders doués, avec leur capacité à appréhender rapidement des concepts complexes, peuvent être particulièrement efficaces dans la conduite du changement, mais ils doivent aussi veiller à communiquer clairement et à impliquer leurs équipes dans le processus."

Q2 : Défis Spécifiques pour les Leaders Doués : "Les leaders doués font-ils face à des défis uniques lorsqu'ils gèrent le changement dans leurs organisations ? Comment peuvent-ils les surmonter ?"

Jeanne Chopard : "Oui, souvent, leur vision avancée et leur pensée rapide peuvent les amener à devancer leur équipe. Pour surmonter cela, ils doivent développer la patience, pratiquer l'écoute active et s'assurer que leur équipe est alignée et engagée dans le processus de changement."

Q3 : Stratégies Efficaces de Gestion du Changement : "Quelles stratégies recommandez-vous pour une gestion efficace du changement ? vous pour une gestion efficace du changement ?

Y a-t-il des approches spécifiques qui fonctionnent bien pour les leaders doués ?"

Jeanne Chopard : "Une communication transparente et régulière est essentielle. Pour les leaders doués, je recommande de se concentrer sur la facilitation de l'engagement des équipes, en utilisant leur capacité à résoudre des problèmes de manière créative pour surmonter les obstacles et en encourageant l'innovation au sein de leur équipe."

Q4 : Mesurer l'Impact du Changement : "Comment les organisations peuvent-elles mesurer l'efficacité de leurs initiatives de gestion du changement ? Quels sont les indicateurs clés de succès ?"

Jeanne Chopard : "Les indicateurs clés incluent la réalisation des objectifs du projet, le degré d'engagement des employés, la performance de l'entreprise après le changement, et le feedback des parties prenantes. Il est également important de mesurer l'adaptabilité et la résilience de l'organisation face au changement."

Q5 : Conseils pour les Leaders Aspirants : "Quels conseils donneriez-vous aux leaders doués qui cherchent à devenir des maîtres dans la gestion du changement ?"

Jeanne Chopard : "Restez ouverts à l'apprentissage et à la croissance. La gestion du changement est un domaine dynamique, donc être adaptable et réceptif au feedback est crucial. Cultivez également votre intelligence émotionnelle pour mieux comprendre et répondre aux besoins de votre équipe."

Q6 : Tendances et Évolutions Futures : "Quelles sont les tendances actuelles en matière de gestion du changement ? Comment voyez-vous ce domaine évoluer dans le futur ?"

Jeanne Chopard : "Actuellement, il y a un fort accent sur la transformation numérique et l'agilité organisationnelle. À l'avenir, je vois une intégration encore plus grande de l'intelligence artificielle et de l'analyse de données pour prédire et gérer le changement, ainsi qu'une attention accrue à la durabilité et à l'impact social des changements organisationnels."

Q7 : Rôle des Leaders dans la Culture du Changement : "Comment les leaders peuvent-ils cultiver une culture qui embrasse le changement au sein de leurs organisations ? Quel est l'impact d'une telle culture sur la performance globale ?"

Jeanne Chopard : "Les leaders doivent être des modèles en matière de réceptivité au changement. Ils doivent encourager l'innovation, récompenser la prise de risque calculée et créer un environnement où l'échec est vu comme une opportunité d'apprentissage. Une telle culture favorise la résilience, l'innovation et peut conduire à une amélioration significative de la performance globale."

Q8 : Exemples de Réussite : "Pouvez-vous partager des exemples d'organisations ou de leaders qui ont réussi à gérer le changement de manière exemplaire ?"

Jeanne Chopard : "Des entreprises comme Apple et Amazon sont des exemples remarquables. Elles ont constamment évolué et se sont adaptées aux changements du marché tout en restant fidèles à leur vision. Des leaders comme Tim Cook et Jeff Bezos ont démontré une capacité exceptionnelle à anticiper et à naviguer à travers des changements majeurs, en gardant leurs entreprises à la pointe de l'innovation."

G.   Entretien avec Dr. Émilie Gascon, Chercheuse en Éducation des Élèves Doués

Q1 : Compréhension de la Douance dans l'Éducation : "Comment définissez-vous la douance dans le contexte éducatif ? Quels sont les principaux signes d'un élève doué ?"

Dr. Émilie Gascon : "En éducation, la douance se manifeste par des capacités intellectuelles nettement supérieures à la moyenne, souvent accompagnées d'une grande créativité et d'une curiosité intense. Les signes incluent un apprentissage rapide, une compréhension profonde des concepts complexes, une mémoire exceptionnelle, et souvent une sensibilité émotionnelle accrue."

Q2 : Défis Éducatifs pour les Élèves Doués : "Quels sont les défis spécifiques que rencontrent les élèves doués dans le système éducatif traditionnel ? Comment ces défis peuvent-ils être adressés ?"

Dr. Émilie Gascon : "Les élèves doués sont souvent sous-stimulés dans les systèmes éducatifs traditionnels. Ils peuvent s'ennuyer ou devenir désengagés. Pour y remédier, il est crucial de proposer des programmes d'enrichissement, de différenciation pédagogique, et parfois de saut de classe pour répondre à leurs besoins spécifiques."

Q3 : Développement du Leadership chez les Élèves Doués : "Comment l'éducation peut-elle contribuer au développement des compétences de leadership chez les élèves doués ? Y a-t-il des programmes ou des approches spécifiques que vous recommandez ?"

Dr. Émilie Gascon : "L'éducation peut jouer un rôle clé en encourageant les élèves doués à développer des compétences de leadership telles que la communication, la résolution de problèmes et le travail d'équipe. Je recommande des programmes qui intègrent des projets de groupe, des activités de leadership et des opportunités de mentorat."

Q4 : Impact de l'Éducation sur la Carrière Future : "Comment l'éducation reçue par les élèves doués influence-t-elle leur parcours professionnel et leur potentiel de leadership à l'âge adulte ?"

Dr. Émilie Gascon : "Une éducation adaptée aux élèves doués peut grandement influencer leur confiance en soi, leur motivation et leur aspiration à des rôles de leadership. Elle les prépare à relever des défis complexes et à innover dans leur domaine professionnel."

Q5 : Innovation dans l'Éducation des Doués : "Quelles sont les innovations récentes dans l'éducation des élèves doués ? Comment ces innovations changent-elles la donne ?"

Dr. Émilie Gascon : "Les innovations incluent l'utilisation de la technologie pour l'apprentissage personnalisé, les programmes interdisciplinaires qui relient les matières scolaires à des applications du monde réel, et les partenariats avec des universités pour des cours avancés. Ces approches offrent aux élèves doués des expériences d'apprentissage plus riches et plus stimulantes."

Q6 : Conseils pour les Éducateurs : "Quels conseils donneriez-vous aux éducateurs qui travaillent avec des élèves doués pour maximiser leur potentiel ?"

Dr. Émilie Gascon : "Restez à l'écoute des besoins individuels de chaque élève doué. Encouragez leur curiosité et leur créativité. N'ayez pas peur de les défier avec des tâches complexes. Et surtout, soutenez leur développement émotionnel et social autant que leur développement intellectuel."

Q7 : Rôle des Parents et des Tuteurs : "Quel est le rôle des parents et des tuteurs dans le soutien au développement éducatif des enfants doués ?"

Dr. Émilie Gascon : "Les parents et les tuteurs

jouent un rôle crucial en offrant un soutien émotionnel, en encourageant les intérêts de l'enfant et en collaborant avec les éducateurs pour assurer une approche éducative cohérente. Ils doivent également veiller à ce que l'enfant ait suffisamment de temps pour des activités de loisirs et de détente."

Q8 : Tendances et Recherches Futures : "Quelles sont les tendances actuelles et les domaines de recherche futurs dans l'éducation des doués ?"

Dr. Émilie Gascon : "Les tendances actuelles incluent une attention accrue à la diversité au sein de la population douée, l'intégration des compétences socio-émotionnelles dans les programmes pour doués, et l'utilisation de l'intelligence artificielle pour l'apprentissage personnalisé. Les recherches futures exploreront probablement davantage l'impact des environnements d'apprentissage mixtes et des approches interdisciplinaires."

Résumés des Théories Clés

Théorie des Intelligences Multiples de Howard Gardner

La "Théorie des Intelligences Multiples" de Howard Gardner est une approche révolutionnaire dans le domaine de la psychologie éducative qui remet en question la vision traditionnelle de l'intelligence comme une capacité unique et monolithique. Développée par Gardner dans les années 1980, cette théorie propose que l'intelligence humaine est composée de plusieurs capacités distinctes et indépendantes. Voici un développement plus approfondi de cette théorie :

Principes Fondamentaux :

1. **Intelligences Multiples :** Gardner identifie initialement sept types d'intelligence (plus tard étendus à huit, et potentiellement plus), chacun représentant des capacités différentes dans le traitement de l'information et la résolution de problèmes. Ces intelligences sont :

   o   Linguistique,
   o   Logico-mathématique,
   o   Spatiale,
   o   Musicale,
   o   Corporelle-kinesthésique,
   o   Interpersonnelle,
   o   Intrapersonnelle,
   o   (Plus tard ajoutée) Naturaliste.

2. **Indépendance des Intelligences :** Chaque intelligence fonctionne de manière indépendante. Cela signifie qu'une personne peut être exceptionnellement douée dans un domaine (comme la musique) tout en

étant moyenne ou en dessous de la moyenne dans un autre (comme la logique).

3. **Applications Éducatives** : La théorie a des implications majeures pour l'éducation. Elle suggère que les approches d'enseignement devraient être diversifiées pour répondre aux différents types d'intelligence des élèves, et que l'évaluation de l'intelligence devrait également être plus nuancée.

Implications pour le Leadership :

1. **Reconnaissance des Divers Talents** : Dans un contexte de leadership, cette théorie souligne l'importance de reconnaître et de valoriser divers types de talents et de compétences au sein d'une équipe.

2. **Approches Personnalisées** : Elle encourage les leaders à adopter des approches personnalisées pour motiver et engager leurs équipes, en tenant compte des forces uniques de chaque membre.

3. **Développement Holistique** : Les leaders peuvent utiliser cette théorie pour développer leurs propres compétences dans plusieurs domaines d'intelligence,

conduisant à un style de leadership plus équilibré et versatile.

Critiques et Limites :

- Bien que largement populaire, la théorie de Gardner a été critiquée pour son manque de preuves empiriques rigoureuses et pour le défi de tester scientifiquement ses affirmations.

- Certains psychologues soutiennent que les "intelligences" de Gardner ressemblent plus à des talents ou des aptitudes qu'à des formes d'intelligence au sens traditionnel.

La Théorie des Intelligences Multiples de Gardner offre une perspective plus riche et plus diversifiée sur l'intelligence humaine, avec des applications significatives dans l'éducation et le leadership. Elle encourage une appréciation plus large des différents types de compétences et de talents, ce qui est crucial dans le développement d'approches de leadership inclusives et innovantes.

Théorie du Leadership Transformationnel de Bernard M. Bass

La "Théorie du Leadership Transformationnel" de Bernard M. Bass est une extension et une élaboration de la théorie du leadership transformationnel initialement introduite par

James MacGregor Burns. Selon Bass, le leadership transformationnel est un style de leadership qui non seulement motive les followers, mais les transforme également, les encourageant à dépasser leurs intérêts personnels pour le bien de l'organisation ou du groupe. Voici un développement plus approfondi de cette théorie :
Principes Fondamentaux :

1. **Influence Idéalisée (Charisme) :** Les leaders transformationnels agissent comme des modèles de rôle pour leurs followers. Ils sont admirés, respectés et font confiance. Leur charisme inspire et motive les gens à changer.

2. **Stimulation Intellectuelle :** Ces leaders encouragent la créativité et l'innovation. Ils défient les suppositions existantes, encouragent la prise de conscience critique et favorisent la résolution de problèmes de manière créative.

3. **Considération Individualisée :** Ils accordent une attention personnelle à chaque follower, prenant en compte leurs besoins individuels de développement, et les coachent pour atteindre leur plein potentiel.

4. **Motivation Inspirante :** Les leaders transformationnels communiquent des

attentes élevées et inspirent leurs followers à atteindre des objectifs plus élevés à travers une vision claire et attrayante.

Implications pour le Leadership :

1. **Engagement des Followers :** Ce style de leadership augmente l'engagement des followers, non seulement envers leurs tâches spécifiques, mais aussi envers l'organisation dans son ensemble.

2. **Changement Organisationnel :** Les leaders transformationnels sont souvent à l'avant-garde du changement organisationnel, car ils peuvent inspirer et mobiliser les gens vers de nouveaux objectifs et directions.

3. **Développement de la Culture d'Entreprise :** Ils jouent un rôle clé dans le développement d'une culture d'entreprise positive, en renforçant des valeurs telles que la confiance, le respect et la loyauté.

Critiques et Limites :

- La théorie a été critiquée pour son manque de clarté conceptuelle, en particulier en ce qui concerne la mesure et l'évaluation du leadership transformationnel.

- Certains critiques soutiennent que le leadership transformationnel pourrait être utilisé de manière manipulatrice, et qu'il pourrait ne pas être aussi efficace dans toutes les situations ou cultures.

La Théorie du Leadership Transformationnel de Bernard M. Bass offre un cadre puissant pour comprendre comment les leaders peuvent inspirer, motiver et transformer leurs followers. Elle souligne l'importance de la vision, de la communication et de la prise en compte des besoins individuels, tout en promouvant l'innovation et le changement. Cette approche du leadership est particulièrement pertinente dans les environnements en évolution rapide où la flexibilité, la créativité et l'engagement sont essentiels.

Théorie de la Fenêtre de Johari de Luft et Ingham

La "Théorie de la Fenêtre de Johari", développée par les psychologues Joseph Luft et Harrington Ingham dans les années 1950, est un modèle conceptuel utilisé pour améliorer la compréhension de soi et des relations interpersonnelles. La Fenêtre de Johari est représentée comme une fenêtre à quatre panneaux qui illustre les aspects connus et inconnus de soi-même par rapport à ce que les autres perçoivent. Voici un développement plus approfondi de cette théorie :

Les Quatre Panneaux de la Fenêtre de Johari :

1. **Zone Ouverte** : Ce quadrant représente les informations sur soi-même qui sont connues à la fois par la personne et par les autres. Cela inclut les comportements, les connaissances, les compétences, les attitudes et les traits de caractère qui sont ouvertement partagés. La communication est généralement ouverte et efficace dans cette zone.

2. **Zone Aveugle** : Cette partie contient les informations que les autres perçoivent à propos d'une personne, mais dont la personne elle-même n'est pas consciente. Cela peut inclure des habitudes inconscientes, des réactions émotionnelles, des motivations cachées, etc. Les feedbacks des autres sont essentiels pour réduire cette zone aveugle.

3. **Zone Cachée** : Ce quadrant représente les informations que la personne connaît sur elle-même mais qu'elle choisit de cacher aux autres. Cela peut inclure des peurs, des secrets, des pensées privées, des sentiments, etc. La divulgation de soi peut aider à réduire cette zone et à construire la confiance dans les relations.

4. **Zone Inconnue** : Cette partie contient les informations qui ne sont ni connues de soi ni des autres. Cela peut inclure des talents latents, des expériences inexplorées, des émotions inconscientes, etc. L'exploration de soi et les expériences nouvelles peuvent aider à révéler des aspects de cette zone.

Implications pour le Leadership :

1. **Amélioration de la Communication** : La compréhension et l'expansion de la zone ouverte peuvent améliorer la communication et la collaboration au sein d'une équipe.

2. **Développement Personnel** : La prise de conscience des zones aveugles et cachées peut aider les leaders à se développer personnellement et à améliorer leurs relations avec les autres.

3. **Renforcement de l'Équipe** : Encourager la divulgation de soi et les feedbacks constructifs au sein des équipes peut renforcer la confiance et l'efficacité du travail d'équipe.

Critiques et Limites :

- La Fenêtre de Johari repose sur la volonté des individus de s'engager dans l'auto-révélation et de recevoir des feedbacks, ce qui peut ne pas être facile pour tout le monde.

- Certaines cultures ou personnalités peuvent être moins enclines à partager ou à explorer certaines zones de la fenêtre.

La Théorie de la Fenêtre de Johari offre un cadre utile pour comprendre la dynamique de la communication et des relations interpersonnelles, en particulier dans un contexte de leadership. Elle encourage l'auto-examen, la transparence et l'ouverture, qui sont essentiels pour construire des relations solides et efficaces tant dans la vie personnelle que professionnelle.

Théorie du Flow de Mihaly Csikszentmihalyi

La "Théorie du Flow", développée par le psychologue Mihaly Csikszentmihalyi, décrit un état mental dans lequel une personne est complètement immergée dans une activité, éprouvant un sentiment de concentration et de plaisir total dans le processus. Ce concept, souvent décrit comme étant "dans la zone", est caractérisé par une expérience optimale où les individus se sentent à la fois engagés et motivés. Voici un développement plus approfondi de cette théorie :

Principes Fondamentaux :

1. **Immersion Totale :** Le "flow" se produit lorsqu'une personne est tellement absorbée par une activité qu'elle perd la

notion du temps et de soi-même.

2. **Équilibre entre Défi et Compétence :** Le flow se manifeste lorsque les défis d'une tâche sont équilibrés avec les compétences de la personne. Ni trop facile ni trop difficile, l'activité doit stimuler et engager.

3. **Objectifs Clairs et Feedback Immédiat :** Les activités qui favorisent le flow ont des objectifs clairs et fournissent un feedback immédiat, permettant à l'individu de s'ajuster et de rester sur la bonne voie.

4. **Contrôle sur l'Action et le Résultat :** Une sensation de contrôle personnel sur l'activité ou la situation est essentielle pour l'expérience du flow.

Implications pour le Leadership :

1. **Augmentation de la Productivité et de la Créativité :** Les leaders peuvent encourager des environnements qui favorisent le flow, augmentant ainsi la productivité, la créativité et la satisfaction des employés.

2. **Développement des Compétences :** En alignant les tâches avec les compétences des employés tout en présentant des défis appropriés, les leaders peuvent aider les membres de l'équipe à

développer leurs compétences et à expérimenter le flow.

3. **Amélioration du Bien-être au Travail :** Le flow est associé à une plus grande satisfaction au travail et à un meilleur bien-être général, des facteurs importants pour la rétention des employés.

Critiques et Limites :

- La théorie du flow a été critiquée pour sa subjectivité et sa difficulté à être mesurée objectivement.

- Certains chercheurs suggèrent que le flow peut ne pas être atteignable dans toutes les professions ou pour toutes les personnes, en fonction de la nature du travail ou des différences individuelles.

La Théorie du Flow de Csikszentmihalyi offre un cadre précieux pour comprendre comment les individus peuvent atteindre des niveaux élevés de performance et de satisfaction dans leurs activités. Pour les leaders, encourager des conditions qui favorisent le flow peut conduire à des équipes plus engagées, créatives et productives.

Modèle de Leadership Serviteur de Robert K. Greenleaf

Le "Modèle de Leadership Serviteur", développé

par Robert K. Greenleaf, est une approche du leadership qui met l'accent sur le service aux autres comme principal objectif du leader. Ce modèle inverse la hiérarchie traditionnelle en plaçant les besoins des followers, des clients et de la communauté en premier. Voici un développement plus approfondi de ce modèle :

Principes Fondamentaux :

1. **Servir Avant de Diriger** : La caractéristique principale du leadership serviteur est la volonté de servir les autres avant de chercher à diriger. Cela implique de mettre les besoins des employés, des clients et de la communauté avant les siens propres ou ceux de l'organisation.

2. **Écoute Active** : Les leaders serviteurs pratiquent l'écoute active, cherchant à comprendre les besoins et les préoccupations de leurs équipes et à y répondre de manière appropriée.

3. **Empathie** : Ils font preuve d'empathie envers les autres, reconnaissant et valorisant la contribution de chaque individu au sein de l'organisation.

4. **Conscience de Soi** : Une forte conscience de soi est essentielle pour les leaders serviteurs, car elle leur permet de comprendre leurs propres forces,

faiblesses et l'impact de leurs actions sur les autres.

5. **Persuasion Plutôt que Coercition :** Au lieu d'utiliser leur autorité ou leur pouvoir pour obtenir des résultats, les leaders serviteurs utilisent la persuasion pour convaincre et encourager.

6. **Développement des Autres :** Ils se concentrent sur le développement personnel et professionnel de leurs équipes, les aidant à réaliser leur plein potentiel.

7. **Communauté :** Le leadership serviteur vise à créer un sentiment de communauté et d'appartenance au sein de l'organisation.

Implications pour le Leadership :

1. **Culture Organisationnelle Positive :** Ce modèle peut contribuer à créer une culture organisationnelle plus positive, où les employés se sentent valorisés et respectés.

2. **Engagement des Employés :** Il peut également conduire à un engagement accru des employés, car ils se sentent soutenus et encouragés dans leur croissance personnelle et professionnelle.

3. **Amélioration des Performances :** Bien que l'accent soit mis sur le service, cela peut conduire à une amélioration des performances globales, car les employés motivés et satisfaits sont souvent plus productifs.

Critiques et Limites :

- Certains critiques soutiennent que le leadership serviteur peut ne pas être efficace dans tous les contextes organisationnels ou culturels, en particulier dans des environnements très compétitifs ou orientés vers les résultats.

- Il peut également être difficile pour les leaders de maintenir un équilibre entre servir les besoins des autres et atteindre les objectifs organisationnels.

Le Modèle de Leadership Serviteur de Robert K. Greenleaf offre une approche centrée sur les personnes du leadership, mettant l'accent sur le service, l'empathie et le développement communautaire. Ce modèle peut transformer la dynamique organisationnelle, conduisant à des environnements de travail plus collaboratifs, empathiques et efficaces.

Théorie de l'Intelligence Émotionnelle de Daniel Goleman

La "Théorie de l'Intelligence Émotionnelle"

de Daniel Goleman a révolutionné la compréhension de l'intelligence en mettant l'accent sur l'importance des compétences émotionnelles et sociales dans le succès personnel et professionnel. Goleman a étendu les travaux antérieurs de Peter Salovey et John D. Mayer sur l'intelligence émotionnelle, en la rendant accessible et pertinente pour un large public. Voici un développement plus approfondi de cette théorie :

Principes Fondamentaux :

1. **Définition de l'Intelligence Émotionnelle** : Goleman définit l'intelligence émotionnelle comme la capacité de reconnaître, comprendre et gérer ses propres émotions, ainsi que de reconnaître, comprendre et influencer les émotions des autres.

2. **Les Cinq Domaines Clés** : Goleman identifie cinq domaines clés de l'intelligence émotionnelle :

   - **Conscience de Soi** : La capacité de reconnaître et de comprendre ses propres émotions, forces et faiblesses.

   - **Auto-régulation** : La capacité de contrôler ou de rediriger les impulsions et les humeurs perturbatrices et de réfléchir avant d'agir.

   - **Motivation** : Une passion pour travailler pour des raisons qui vont au-delà de l'argent ou du statut, et une propension à poursuivre des objectifs avec énergie et persistance.

- o **Empathie** : La capacité de comprendre les émotions des autres et de traiter les gens en fonction de leur état émotionnel.
- o **Compétences Sociales** : La capacité de gérer les relations et de créer des réseaux, de trouver un terrain d'entente et de construire des liens.

Implications pour le Leadership :

1. **Gestion Efficace des Équipes** : Les leaders avec une forte intelligence émotionnelle peuvent créer des environnements de travail plus positifs, favorisant la collaboration et l'engagement des employés.
2. **Prise de Décision** : La conscience de soi et l'auto-régulation aident les leaders à prendre des décisions plus équilibrées et réfléchies.
3. **Gestion des Conflits** : L'empathie et les compétences sociales sont cruciales pour gérer efficacement les conflits et maintenir des relations de travail saines.

Critiques et Limites :

- Bien que largement acceptée, la théorie de l'intelligence émotionnelle a été critiquée pour son manque de rigueur scientifique et la difficulté de la mesurer de manière objective.

- Certains chercheurs soutiennent que l'intelligence émotionnelle est moins une forme d'intelligence qu'un ensemble de compétences ou de traits de personnalité.

La théorie de l'intelligence émotionnelle de Daniel Goleman offre un cadre puissant pour comprendre l'impact des compétences émotionnelles et sociales sur le succès personnel et professionnel. Elle souligne l'importance de la conscience de soi, de la gestion des émotions, de la motivation, de l'empathie et des compétences sociales, qui sont toutes essentielles pour un leadership efficace et empathique.

Guides pour les Organisations

Guide de Création d'une Culture d'Innovation

Introduction : Ce guide vise à aider les organisations à cultiver une culture d'innovation, essentielle pour rester compétitives et pertinentes dans un environnement commercial en constante évolution. Une culture d'innovation encourage la créativité, l'expérimentation et l'adoption de nouvelles idées.

Étapes Clés :

1. **Définir la Vision et les Objectifs d'Innovation :**

o   Établissez une vision claire de ce que signifie l'innovation pour votre organisation.

o   Définissez des objectifs spécifiques d'innovation alignés sur la stratégie globale de l'entreprise.

2. **Leadership Engagé :**

o   Assurez-vous que les leaders à tous les niveaux soutiennent et prônent l'innovation.

o   Les dirigeants doivent montrer l'exemple en prenant des risques calculés et en étant ouverts aux nouvelles idées.

3. **Créer un Environnement Propice à l'Innovation :**

o   Fournissez les ressources nécessaires, comme le temps, l'espace et le budget, pour explorer de nouvelles idées.

o   Encouragez une culture où l'échec est vu comme une étape d'apprentissage, pas comme un revers.

4. **Promouvoir la Collaboration et la Diversité des Idées :**

o   Encouragez la collaboration entre différents départements et équipes.

o   Valorisez la diversité des perspectives et des compétences, car elle est source d'idées innovantes.

5. **Communication Ouverte :**

o   Mettez en place des canaux de

communication qui facilitent le partage d'idées et de feedbacks.

- o Organisez régulièrement des réunions dédiées à l'innovation et à la créativité.

6. **Formation et Développement :**

- o Proposez des formations pour développer les compétences créatives et innovantes des employés.

- o Encouragez la participation à des conférences, des ateliers et des événements sur l'innovation.

7. **Reconnaissance et Récompenses :**

- o Mettez en place un système de reconnaissance pour récompenser les efforts et les succès en matière d'innovation.

- o Célébrez les réussites, même les petites, pour encourager la prise d'initiative.

8. **Mesurer et Ajuster :**

- o Établissez des indicateurs pour mesurer le succès des initiatives d'innovation.

- o Soyez prêts à ajuster les stratégies en fonction des résultats et des feedbacks.

Conclusion : Créer une culture d'innovation nécessite un engagement à long terme et une approche holistique. Cela implique de soutenir les idées à tous les niveaux de l'organisation, de fournir les ressources nécessaires pour l'expérimentation et de reconnaître les efforts et les succès. En suivant ces étapes, les organisations peuvent développer un environnement où l'innovation prospère, conduisant à une croissance soutenue et à un avantage concurrentiel.

Guide de Développement du Leadership Inclusif

Introduction : Ce guide est conçu pour aider les organisations à développer un leadership inclusif, essentiel pour créer des environnements de travail diversifiés, équitables et accueillants. Un leadership inclusif favorise la participation et la contribution de tous les employés, valorisant leurs perspectives uniques et expériences.

Étapes Clés :

1. **Comprendre l'Inclusivité :**
   - Définissez clairement ce que signifie l'inclusivité dans le contexte de votre organisation.
   - Sensibilisez les leaders aux avantages d'une main-d'œuvre diversifiée et aux défis liés à la création d'un environnement inclusif.

2. **Formation et Éducation :**
   - Proposez des formations régulières sur la diversité, l'équité et l'inclusion.
   - Encouragez les leaders à participer à des ateliers et des séminaires

pour développer leurs compétences en matière de leadership inclusif.

3. **Évaluation et Feedback :**

o   Évaluez régulièrement les pratiques de leadership actuelles pour identifier les domaines nécessitant une amélioration.

o   Utilisez des enquêtes et des groupes de discussion pour recueillir des feedbacks sur l'efficacité des leaders en matière d'inclusion.

4. **Promouvoir la Diversité des Équipes :**

o   Encouragez la formation d'équipes diversifiées en termes de genre, d'origine ethnique, d'âge, de compétences et d'expériences.

o   Valorisez et utilisez la diversité des équipes pour stimuler l'innovation et la créativité.

5. **Pratiques de Communication Inclusive :**

o   Formez les leaders à des techniques de communication qui favorisent l'inclusion, comme l'écoute active et la communication non violente.

o   Encouragez les leaders à créer des espaces où chaque voix peut être entendue et valorisée.

6. **Renforcement des Compétences Interpersonnelles :**

o   Développez les compétences

émotionnelles et sociales des leaders, essentielles pour comprendre et valoriser les différences individuelles.

o   Encouragez l'empathie, la patience et la flexibilité dans les interactions quotidiennes.

7. **Mentorat et Coaching :**

o   Mettez en place des programmes de mentorat et de coaching pour soutenir les leaders dans leur parcours vers un leadership plus inclusif.

o   Associez les leaders émergents à des mentors expérimentés pour faciliter le partage des connaissances et des expériences.

8. **Suivi et Ajustement :**

o   Suivez les progrès en matière de leadership inclusif à travers des indicateurs clés de performance.

o   Soyez prêts à ajuster les stratégies et les approches en fonction des résultats et des feedbacks.

Conclusion : Le développement du leadership inclusif est un processus continu qui nécessite un engagement et une attention constants. En mettant en œuvre ces étapes, les organisations peuvent créer des environnements de travail où la diversité est non seulement reconnue, mais activement valorisée et intégrée dans la culture organisationnelle. Cela conduit à une meilleure performance, à une plus grande innovation et à une satisfaction accrue des employés.

Guide pour la Gestion des Conflits et la Communication Efficace

Introduction : Ce guide vise à fournir des stratégies et des outils pour gérer efficacement les conflits et améliorer la communication au sein des organisations. Une gestion adéquate des conflits et une communication efficace sont essentielles pour maintenir un environnement de travail sain et productif.

Étapes Clés :

1. **Reconnaissance et Compréhension des Conflits :**
   - Identifiez les signes précoces de conflit pour intervenir rapidement.
   - Comprenez les causes sous-jacentes des conflits, qu'elles soient liées à des malentendus, des différences de valeurs ou des problèmes de communication.
2. **Établir des Normes de Communication :**
   - Définissez des règles claires pour une communication respectueuse et constructive.
   - Encouragez l'écoute active et l'expression claire des pensées et des sentiments.

3. **Techniques de Résolution de Conflits :**

o   Formez les employés et les managers aux techniques de résolution de conflits, telles que la négociation, la médiation et le compromis.

o   Utilisez des approches basées sur les intérêts plutôt que sur les positions pour trouver des solutions gagnant-gagnant.

4. **Favoriser l'Empathie et la Compréhension :**

o   Encouragez les parties en conflit à se mettre à la place de l'autre pour comprendre différents points de vue.

o   Organisez des séances de partage d'expériences pour renforcer l'empathie au sein des équipes.

5. **Communication Non Violente :**

o   Intégrez les principes de la communication non violente (CNV) pour faciliter des échanges respectueux et sans jugement.

o   Formez les employés à exprimer leurs besoins et leurs sentiments sans blâmer ou critiquer les autres.

6. **Gestion des Émotions :**

o   Apprenez aux employés à reconnaître et à gérer leurs émotions, en particulier dans des situations de stress ou de conflit.

o   Proposez des ateliers sur la gestion du

stress et la régulation émotionnelle.

7. **Rôle des Managers dans la Gestion des Conflits :**

- Formez les managers à intervenir de manière appropriée dans les conflits, en agissant comme médiateurs neutres.
- Encouragez les managers à reconnaître et à récompenser des comportements positifs en matière de résolution de conflits.

8. **Suivi et Évaluation :**

- Mettez en place des mécanismes pour évaluer l'efficacité des stratégies de gestion des conflits et de communication.
- Recueillez régulièrement des feedbacks des employés sur l'environnement de travail et les relations interpersonnelles.

Conclusion : La gestion efficace des conflits et la communication efficace sont cruciales pour le succès et la santé d'une organisation. En adoptant une approche proactive et en équipant les employés des outils et des compétences nécessaires, les organisations peuvent créer un environnement où les conflits sont gérés de manière constructive et où la communication est ouverte et respectueuse.

Guide de Stratégies de Bien-être et de Résilience pour les Leaders

Introduction : Ce guide est conçu pour aider les leaders à développer leur bien-être personnel et leur résilience. Dans un environnement professionnel exigeant, il est crucial pour les leaders de maintenir un équilibre sain entre le travail et la vie personnelle, tout en cultivant la résilience pour faire face aux défis et au stress.

Étapes Clés :

1. **Auto-évaluation du Bien-être :**
   - Commencez par une auto-évaluation honnête de votre bien-être actuel, en considérant des aspects tels que le stress, l'équilibre travail-vie personnelle, la santé physique et mentale.
   - Utilisez des outils d'évaluation ou des journaux pour suivre régulièrement votre état de bien-être.

2. **Gestion du Stress :**
   - Apprenez et pratiquez des techniques de gestion du stress, telles que la méditation, le yoga, ou des exercices de respiration profonde.
   - Identifiez les déclencheurs de stress dans votre environnement de travail et développez des stratégies pour les gérer ou les minimiser.

3. **Équilibre Travail-Vie Personnelle :**
   - Établissez des limites claires entre le travail et la vie personnelle. Respectez votre temps personnel et familial autant

que votre temps professionnel.

o	Déléguez les tâches lorsque cela est possible pour éviter le surmenage.

4. **Développement de la Résilience :**

o	Renforcez votre résilience en adoptant une attitude positive et en apprenant à voir les échecs comme des opportunités d'apprentissage.

o	Cultivez un réseau de soutien, y compris des collègues, des mentors et des amis, sur qui vous pouvez compter pour obtenir des conseils et du soutien.

5. **Activité Physique et Nutrition :**

o	Intégrez une activité physique régulière dans votre routine. L'exercice est un excellent moyen de réduire le stress et d'améliorer la santé mentale.

o	Adoptez une alimentation équilibrée pour soutenir votre santé physique et mentale.

6. **Pratiques de Mindfulness :**

o	Intégrez des pratiques de pleine conscience dans votre quotidien pour améliorer la concentration et réduire l'anxiété.

o	Considérez des activités comme la méditation, la pleine conscience ou le journaling.

7. **Développement Personnel Continu :**

o	Engagez-vous dans un développement

personnel continu, y compris la lecture, les ateliers, les conférences ou le coaching.

- o   Soyez ouvert à l'apprentissage et à l'expérimentation de nouvelles approches pour votre développement personnel et professionnel.

8. **Suivi et Réévaluation :**

- o   Suivez régulièrement vos progrès en matière de bien-être et de résilience.

- o   Réévaluez et ajustez vos stratégies en fonction de vos besoins et des changements dans votre environnement professionnel.

Conclusion : Le bien-être et la résilience sont essentiels pour un leadership efficace et durable. En adoptant ces stratégies, les leaders peuvent non seulement améliorer leur propre santé et bien-être, mais aussi servir de modèle positif pour leurs équipes, favorisant ainsi un environnement de travail sain et productif.

Guide pour l'Implémentation de Programmes de Mentorat et de Coaching

Introduction : Ce guide vise à aider les organisations à mettre en place des programmes de mentorat et de coaching efficaces. Ces programmes sont essentiels pour le développement professionnel des employés, l'amélioration des compétences de leadership et la promotion d'une culture d'apprentissage continu.

Étapes Clés :

1. **Définition des Objectifs du Programme :**

   - Identifiez les objectifs spécifiques du programme de mentorat et de coaching. Cela peut inclure le développement du leadership, l'amélioration des compétences techniques, l'augmentation de la rétention des employés, etc.

   - Assurez-vous que ces objectifs sont alignés avec la stratégie globale de l'organisation.

2. **Conception du Programme :**

   - Déterminez la structure du programme, y compris la durée, la fréquence des rencontres, et les méthodes de suivi.

   - Décidez si le programme sera formel (structuré avec des jumelages définis) ou informel (plus flexible et basé sur les relations spontanées).

3. **Sélection des Mentors et des Coachs :**

   - Choisissez des mentors et des coachs ayant les compétences, l'expérience et les qualités personnelles nécessaires pour guider efficacement les autres.

o   Offrez une formation aux mentors et aux coachs pour les préparer à leurs rôles.

4. **Jumelage des Mentors/Coachs et des Participants :**

o   Établissez des critères pour jumeler les mentors et les coachs avec les participants. Considérez les objectifs de développement, les intérêts professionnels, et les personnalités.

o   Encouragez les feedbacks des deux parties pour assurer des jumelages efficaces.

5. **Ressources et Matériel de Soutien :**

o   Fournissez des ressources et du matériel de soutien pour guider les mentors, les coachs et les participants tout au long du programme.

o   Cela peut inclure des guides, des modèles pour les sessions, et des ressources d'apprentissage en ligne.

6. **Suivi et Évaluation :**

o   Mettez en place des mécanismes pour suivre les progrès et évaluer l'efficacité du programme.

o   Utilisez des enquêtes, des entretiens et des réunions de feedback pour recueillir des informations sur les expériences des participants.

7. **Communication et Promotion :**

o   Communiquez clairement les

détails et les avantages du programme à l'ensemble de l'organisation.

- o   Utilisez des témoignages et des études de cas pour promouvoir le programme et encourager la participation.

8. **Amélioration Continue :**
- o   Analysez régulièrement les feedbacks et les données du programme pour identifier les domaines d'amélioration.
- o   Soyez prêts à ajuster et à améliorer le programme en fonction des besoins et des retours d'expérience.

Conclusion : Les programmes de mentorat et de coaching sont des investissements précieux dans le capital humain d'une organisation. Ils favorisent le développement professionnel, renforcent les compétences de leadership et contribuent à une culture organisationnelle positive. Une mise en œuvre et une gestion efficaces de ces programmes peuvent conduire à des améliorations significatives en termes de performance, d'engagement des employés et de satisfaction au travail.

Guide de Planification de Carrière et de Développement Personnel

Introduction : Ce guide est destiné à aider les individus à planifier leur carrière et à se concentrer sur leur développement personnel. Une planification de carrière efficace et un engagement envers le développement personnel sont essentiels pour atteindre des objectifs professionnels à long terme et pour une satisfaction professionnelle globale.

Étapes Clés :

1. **Auto-évaluation :**
   - Commencez par une auto-évaluation pour identifier vos intérêts, vos compétences, vos valeurs et vos passions. Cela peut inclure des tests de personnalité, des évaluations de compétences et des réflexions personnelles.
   - Identifiez les domaines dans lesquels vous excellez et ceux qui nécessitent un développement supplémentaire.

2. **Définition des Objectifs de Carrière :**
   - Établissez des objectifs de carrière clairs et réalisables à court, moyen et long terme.
   - Assurez-vous que ces objectifs sont spécifiques, mesurables, atteignables, pertinents et temporellement définis (SMART).

3. **Plan de Développement Personnel :**
   - Créez un plan de développement personnel qui aligne vos objectifs de carrière avec des actions spécifiques. Cela peut inclure la formation, l'éducation, le réseautage ou l'acquisition de nouvelles

compétences.

o   Définissez des échéances pour chaque étape de votre plan.

4. **Formation et Éducation :**

o   Recherchez des opportunités de formation et d'éducation qui peuvent vous aider à acquérir les compétences nécessaires pour atteindre vos objectifs de carrière.

o   Cela peut inclure des cours en ligne, des ateliers, des conférences ou des programmes de diplômes.

5. **Expérience Pratique :**

o   Cherchez des opportunités pour acquérir une expérience pratique, comme des stages, du bénévolat ou des projets parallèles.

o   Considérez le mentorat ou le coaching pour obtenir des conseils et des insights de professionnels expérimentés.

6. **Réseautage :**

o   Développez et maintenez un réseau professionnel solide. Assistez à des événements de l'industrie, participez à des groupes professionnels et utilisez les plateformes de réseautage en ligne.

o   N'oubliez pas que le réseautage est un échange mutuel ; soyez prêt à aider les autres autant que vous cherchez de l'aide.

7. **Équilibre Vie Professionnelle/Vie**

Personnelle :

- Assurez-vous de maintenir un équilibre sain entre votre vie professionnelle et votre vie personnelle. Cela est essentiel pour éviter l'épuisement professionnel et maintenir une productivité à long terme.
- Intégrez des activités de loisirs et des passe-temps dans votre routine pour maintenir un bien-être général.

8. **Réévaluation et Ajustement :**

- Réévaluez régulièrement vos objectifs de carrière et votre plan de développement personnel. Soyez prêt à ajuster vos plans en fonction des changements dans vos intérêts, vos circonstances de vie ou les tendances du marché du travail.
- Célébrez vos réussites et apprenez de vos échecs.

Conclusion : La planification de carrière et le développement personnel sont des processus continus qui nécessitent un engagement et une réflexion réguliers. En suivant ce guide, vous pouvez prendre des mesures proactives pour façonner votre parcours professionnel et réaliser votre plein potentiel. Gardez à l'esprit que la flexibilité et l'adaptabilité sont clés dans un paysage professionnel en constante évolution.

Législation et Politiques

Législation sur l'Égalité des Chances en Emploi

Introduction : La législation sur l'égalité des chances en emploi vise à promouvoir un environnement de travail juste et non discriminatoire. Ces lois interdisent la discrimination basée sur des critères tels que la race, le sexe, l'âge, la religion, l'orientation sexuelle, l'identité de genre, le handicap, et d'autres caractéristiques protégées. Voici un aperçu des principaux aspects de cette législation :

Principes Fondamentaux :

1. **Non-Discrimination :**
   - Les employeurs ne doivent pas discriminer dans les pratiques d'embauche, de promotion, de rémunération, de formation, de licenciement et d'autres conditions d'emploi.
   - La discrimination peut être directe (actions ouvertement discriminatoires) ou indirecte (politiques apparemment neutres ayant un effet discriminatoire).

2. **Accommodements Raisonnables :**
   - Les employeurs sont tenus de fournir des accommodements raisonnables pour les employés handicapés, sauf si cela entraîne une contrainte excessive.

o   Les accommodements peuvent inclure des modifications du lieu de travail, des horaires flexibles, ou des équipements spéciaux.

3. **Égalité de Rémunération :**

o   Les lois sur l'égalité des chances en emploi exigent une rémunération égale pour un travail égal, indépendamment du sexe ou d'autres caractéristiques protégées.

4. **Harcèlement et Environnement de Travail Hostile :**

o   Le harcèlement basé sur une caractéristique protégée est considéré comme une forme de discrimination.

o   Les employeurs sont responsables de prévenir le harcèlement et de prendre des mesures correctives lorsqu'il se produit.

5. **Plaintes et Recours :**

o   Les employés qui estiment avoir été victimes de discrimination peuvent déposer une plainte auprès des organismes gouvernementaux compétents.

o   Des recours, y compris des compensations et des mesures correctives, peuvent être disponibles pour les victimes de discrimination.

Application et Conformité :

●   Les employeurs doivent se conformer à

ces lois, ce qui inclut la mise en œuvre de politiques et de formations sur l'égalité des chances en emploi.

- Des audits et des inspections peuvent être effectués pour garantir la conformité.

Considérations Internationales :

- Bien que les principes de base de l'égalité des chances en emploi soient largement reconnus, les lois spécifiques peuvent varier considérablement d'un pays à l'autre.

- Les entreprises multinationales doivent être conscientes des lois locales et internationales en matière d'égalité des chances en emploi.

Conclusion : La législation sur l'égalité des chances en emploi est essentielle pour créer des environnements de travail équitables et inclusifs. Les employeurs doivent non seulement se conformer à ces lois, mais aussi s'engager activement à promouvoir la diversité et l'inclusion au sein de leurs organisations. Une compréhension approfondie de ces lois est cruciale pour prévenir la discrimination et favoriser un environnement de travail respectueux et accueillant pour tous.

Politiques sur la Diversité et l'Inclusion en Entreprise

Introduction : Les politiques sur la diversité et l'inclusion en entreprise sont conçues pour créer un environnement de travail où chaque employé, quelles que soient ses caractéristiques personnelles, se sent valorisé et intégré. Ces politiques visent à promouvoir l'équité, à tirer parti de la diversité des talents et à construire une culture organisationnelle inclusive.

Éléments Clés des Politiques :

1. **Déclaration de Mission sur la Diversité et l'Inclusion :**
   - Formulez une déclaration claire qui reflète l'engagement de l'entreprise envers la diversité et l'inclusion.
   - Assurez-vous que cette mission est alignée avec les valeurs globales de l'entreprise.

2. **Recrutement et Embauche :**
   - Mettez en place des pratiques de recrutement équitables pour attirer un large éventail de candidats.
   - Utilisez des techniques de recrutement dépourvues de biais, comme des descriptions de poste neutres et des processus d'entretien standardisés.

3. **Formation et Sensibilisation :**
   - Offrez des formations régulières sur la diversité et l'inclusion pour sensibiliser et éduquer les employés à tous les niveaux.
   - Incluez des modules sur la sensibilisation culturelle, la

communication interculturelle et la réduction des préjugés.

4. **Promotion et Parcours Professionnel** :

o   Assurez des opportunités de promotion équitables pour tous les employés.

o   Mettez en place des programmes de mentorat et de développement professionnel pour soutenir les employés issus de groupes sous-représentés.

5. **Politiques Anti-Discrimination et Anti-Harcèlement** :

o   Établissez des politiques claires contre la discrimination et le harcèlement sur le lieu de travail.

o   Mettez en place des procédures de plainte et d'enquête transparentes et efficaces.

6. **Accommodements Raisonnables** :

o   Fournissez des accommodements raisonnables pour les employés handicapés et respectez les pratiques religieuses et culturelles.

o   Assurez l'accessibilité des locaux et des ressources de l'entreprise.

7. **Mesures de Suivi et d'Évaluation** :

o   Mettez en place des systèmes pour mesurer l'efficacité des politiques de diversité et d'inclusion.

o   Utilisez des enquêtes et des groupes de

discussion pour recueillir des feedbacks des employés.

8. **Engagement et Responsabilité :**
   - Impliquez la direction et les employés dans la mise en œuvre des politiques de diversité et d'inclusion.
   - Assignez des responsabilités claires et assurez un suivi régulier des progrès.

Conclusion : Les politiques sur la diversité et l'inclusion sont essentielles pour construire des entreprises fortes, innovantes et compétitives. En mettant en œuvre ces politiques, les entreprises peuvent non seulement se conformer aux exigences légales, mais aussi enrichir leur culture organisationnelle, améliorer la satisfaction des employés et accroître leur performance globale.

Réglementations sur la Santé Mentale et le Bien-être au Travail

Introduction : Les réglementations sur la santé mentale et le bien-être au travail sont conçues pour protéger et promouvoir la santé mentale des employés dans l'environnement professionnel. Ces réglementations visent à créer des lieux de travail où les problèmes de santé mentale sont pris au sérieux et traités avec le même soin que la santé physique.

Éléments Clés des Réglementations :

1. **Évaluation des Risques pour la Santé**

Mentale :

o   Les employeurs sont tenus d'évaluer les risques pour la santé mentale au travail, y compris le stress, l'épuisement professionnel et les conflits interpersonnels.

o   Des mesures doivent être prises pour atténuer ces risques.

2. **Politiques de Prévention du Stress et de l'Épuisement Professionnel :**

o   Mise en place de politiques pour prévenir le stress et l'épuisement professionnel, telles que des charges de travail raisonnables, des pauses suffisantes et un équilibre travail-vie personnelle.

o   Encouragement des pratiques de travail flexibles lorsque cela est possible.

3. **Formation et Sensibilisation :**

o   Formation des managers et des employés sur la reconnaissance des signes de détresse mentale et la manière d'y répondre de manière appropriée.

o   Sensibilisation à l'importance de la santé mentale et déstigmatisation des problèmes de santé mentale.

4. **Soutien et Ressources en Santé Mentale :**

o   Fourniture de ressources en santé mentale, telles que des programmes d'aide aux employés, des services de conseil ou des références à des professionnels de la santé mentale.

o   Mise en place de systèmes de soutien par les pairs et de réseaux de soutien interne.

5. **Accommodements Raisonnables :**

o   Obligation pour les employeurs de fournir des accommodements raisonnables aux employés souffrant de problèmes de santé mentale, similaires à ceux fournis pour les problèmes de santé physique.

o   Cela peut inclure des ajustements des responsabilités de travail ou des horaires flexibles.

6. **Procédures de Plainte :**

o   Mise en place de procédures claires et confidentielles pour les employés qui souhaitent signaler des problèmes liés à la santé mentale ou au bien-être au travail.

o   Assurer une réponse rapide et appropriée aux plaintes.

7. **Suivi et Évaluation :**

o   Suivi régulier de l'efficacité des politiques et des programmes de santé mentale.

o   Utilisation des feedbacks des employés pour améliorer continuellement les initiatives de bien-être.

Conclusion : Les réglementations sur la santé mentale et le bien-être au travail sont cruciales pour garantir que les employeurs prennent des mesures proactives pour soutenir la santé mentale de leurs employés. En mettant en œuvre ces réglementations, les entreprises peuvent non seulement se conformer aux obligations légales, mais aussi créer un environnement de travail plus sain, plus productif et plus engagé.

Cadre Légal pour les Programmes de Développement du Leadership

Introduction : Le cadre légal pour les programmes de développement du leadership est conçu pour garantir que ces programmes sont mis en œuvre de manière équitable, inclusive et conforme aux lois en vigueur. Ce cadre vise à protéger les droits des participants tout en maximisant l'efficacité et l'impact des programmes de formation.

Éléments Clés du Cadre Légal :

1. **Égalité des Chances et Non-Discrimination :**
   - Les programmes de développement du leadership doivent être accessibles à tous les employés, indépendamment de leur race, sexe, âge, handicap, orientation sexuelle, identité de genre, religion ou origine nationale.
   - Les critères de sélection pour la

participation doivent être transparents, objectifs et exempts de toute forme de discrimination.

2. **Conformité avec les Lois sur l'Emploi :**

o   Les programmes doivent respecter toutes les lois du travail applicables, y compris les réglementations sur les heures de travail, la rémunération et les conditions de travail.

o   Si le programme nécessite des heures supplémentaires ou des déplacements, les participants doivent être compensés conformément aux lois en vigueur.

3. **Protection des Données Personnelles :**

o   Les informations personnelles recueillies dans le cadre des programmes de développement du leadership doivent être protégées conformément aux lois sur la protection de la vie privée et des données.

o   Les participants doivent être informés de la manière dont leurs données seront utilisées et stockées.

4. **Accommodements Raisonnables :**

o   Des accommodements raisonnables doivent être fournis aux participants ayant des besoins spécifiques, y compris les personnes handicapées.

o   Cela peut inclure des ajustements dans les méthodes de formation, les matériaux ou l'environnement d'apprentissage.

5. **Responsabilité et Évaluation :**

o   Les programmes doivent inclure des mécanismes pour évaluer leur efficacité et leur impact sur le développement des compétences de leadership.

o   Les feedbacks des participants doivent être recueillis et utilisés pour améliorer continuellement le programme.

6. **Respect des Droits des Employés :**

o   Les activités de formation ne doivent pas empiéter sur les droits légaux des employés, tels que le droit à des pauses, à des jours de congé et à un environnement de travail sûr.

o   Les participants ne doivent pas être pénalisés pour avoir exprimé des préoccupations ou des critiques concernant le programme.

7. **Transparence et Communication :**

o   Les objectifs, le contenu et les attentes des programmes de développement du leadership doivent être clairement communiqués à tous les participants potentiels.

o   Les politiques et procédures relatives au programme doivent être facilement accessibles et compréhensibles.

Conclusion : Un cadre légal solide pour les

programmes de développement du leadership est essentiel pour garantir que ces initiatives sont bénéfiques, équitables et respectueuses des droits de tous les participants. En adhérant à ce cadre, les organisations peuvent non seulement se conformer aux exigences légales, mais aussi renforcer la confiance et l'engagement des employés envers ces programmes.

Législation sur la Confidentialité et la Protection des Données

Introduction : La législation sur la confidentialité et la protection des données est conçue pour protéger les informations personnelles des individus contre l'accès, l'utilisation ou la divulgation non autorisés. Ces lois imposent des obligations aux organisations qui collectent, traitent et stockent des données personnelles, garantissant ainsi la sécurité et la confidentialité des informations des individus.

Éléments Clés de la Législation :

1. **Consentement et Transparence :**
   - Les organisations doivent obtenir le consentement explicite des individus avant de collecter, utiliser ou partager leurs données personnelles.
   - Les individus doivent être informés de la manière dont leurs données seront utilisées et de la durée de leur conservation.

2. **Droits des Sujets des Données :**

o   Les individus ont le droit d'accéder à leurs données personnelles, de les corriger si elles sont inexactes et de demander leur suppression.

o   Ils ont également le droit de s'opposer au traitement de leurs données dans certaines circonstances.

3. **Sécurité des Données :**

o   Les organisations sont tenues de mettre en place des mesures de sécurité appropriées pour protéger les données personnelles contre les pertes, les altérations ou les accès non autorisés.

o   Cela inclut des mesures physiques, techniques et organisationnelles.

4. **Notification en Cas de Violation de Données :**

o   En cas de violation de données (comme un piratage ou une fuite de données), les organisations doivent en informer les autorités compétentes et, dans certains cas, les individus affectés, dans les délais prescrits par la loi.

5. **Responsabilité et Conformité :**

o   Les organisations doivent documenter leurs processus de traitement des données et démontrer leur conformité avec la législation sur la protection des données.

o   Cela peut inclure la tenue de registres des activités de traitement, la réalisation d'évaluations d'impact sur la protection des données et la nomination d'un délégué à la protection des données.

6. **Transferts Internationaux de Données :**

o   Les transferts de données personnelles en dehors de la juridiction d'origine sont soumis à des restrictions strictes et doivent respecter les normes internationales de protection des données.

7. **Sanctions et Amendes :**

o   Les violations de la législation sur la protection des données peuvent entraîner des sanctions sévères, y compris des amendes importantes et des poursuites judiciaires.

Conclusion : La législation sur la confidentialité et la protection des données est un élément crucial de la gouvernance moderne des entreprises. Les organisations doivent comprendre et respecter ces lois pour protéger non seulement les droits de leurs clients, employés et partenaires, mais aussi pour maintenir leur réputation et éviter des sanctions financières. Une approche proactive et bien informée de la protection des données est essentielle dans un monde de plus en plus numérisé et interconnecté.

Politiques sur le Travail Flexible et l'Accommodement

Introduction : Les politiques sur le travail flexible et l'accommodement sont conçues pour répondre aux besoins diversifiés des employés et favoriser un environnement de travail inclusif et adaptable. Ces politiques permettent aux employés de mieux équilibrer leurs obligations professionnelles et personnelles, tout en maintenant la productivité et l'engagement.

Éléments Clés des Politiques :

1. **Options de Travail Flexible :**
   - Offrez diverses options de travail flexible, telles que le télétravail, les horaires flexibles, le travail à temps partiel, et les semaines de travail comprimées.
   - Assurez-vous que ces options sont accessibles à tous les employés, en fonction de la nature de leur travail.

2. **Procédures de Demande d'Accommodement :**
   - Établissez des procédures claires pour que les employés puissent demander des accommodements, qu'ils soient liés à des besoins familiaux, à la santé, à des handicaps ou à d'autres circonstances

personnelles.

o   Garantissez un processus de demande confidentiel et respectueux.

3. **Évaluation des Besoins Individuels :**

o   Évaluez chaque demande d'accommodement ou de travail flexible individuellement, en tenant compte des besoins spécifiques de l'employé et des exigences du poste.

o   Encouragez une communication ouverte pour trouver des solutions mutuellement bénéfiques.

4. **Équité et Non-Discrimination :**

o   Assurez-vous que les politiques de travail flexible et d'accommodement sont appliquées de manière équitable et non discriminatoire.

o   Évitez les stéréotypes ou les préjugés dans l'évaluation des demandes.

5. **Technologie et Soutien :**

o   Fournissez les technologies et le soutien nécessaires pour faciliter le travail flexible, notamment pour le télétravail.

o   Cela peut inclure un accès sécurisé aux systèmes de l'entreprise, des outils de communication et de collaboration, et un soutien technique.

6. **Formation des Managers :**

o   Formez les managers à gérer efficacement les équipes distantes et à appliquer les politiques de travail flexible.

- o Mettez l'accent sur la communication, la confiance et la mesure des performances par les résultats plutôt que par le temps passé au bureau.

7. **Suivi et Évaluation :**

- o Suivez l'impact des politiques de travail flexible sur la productivité, l'engagement des employés et la satisfaction au travail.
- o Réévaluez et ajustez les politiques en fonction des retours d'expérience et des évolutions du marché du travail.

8. **Communication et Sensibilisation :**

- o Communiquez clairement les politiques de travail flexible et d'accommodement à tous les employés.
- o Sensibilisez à l'importance de l'équilibre travail-vie personnelle et à la diversité des besoins des employés.

Conclusion : Les politiques sur le travail flexible et l'accommodement sont essentielles pour créer un environnement de travail inclusif et soutenir la diversité des employés. En adoptant ces politiques, les entreprises peuvent non seulement améliorer la satisfaction et le bien-être des employés, mais aussi attirer et retenir des talents diversifiés, tout en maintenant une haute productivité et un engagement fort.

Du meme Auteur :

disponible sur Amazon.fr

Vegan Kids: Un livre pratique pour les familles qui veulent adopter une alimentation vegetalienne saine et durable

Urban Garden: Le Guide Essentiel pour Créer des Espaces Verts Éco-responsables et Inclusifs

Manuel de Résilience: Découvrez comment transformer les conflits sociétaux en opportunités de croissance

C'est quoi le leadership en 2024 ?: S'adapter aux changements et défis d'aujourd'hui pour prospérer demain

Comment sortir de son burnout en 2024 ?: Trouvez votre chemin vers la guérison et redécouvrez la joie de vivre

C'est quoi le bonheur en 2024 ?: Le livre référence pour se sentir bien dans son corps et dans sa peau cette année et les suivantes

C'est quoi le succès en 2024 ?: Examiner les succès d'hier pour anticiper les opportunités de demain

C'est quoi la parentalité
en 2024 ?: Des solutions
pratiques pour une parentalité
réussie à l'ère numérique

C'est quoi le développement durable en 2024 ?: Le livre qui vous donne les outils pour changer le monde et qui met le développement durable à la portée de tous

C'est quoi la franc-maçonnerie en 2024 ?: Découvrez comment la franc-maçonnerie s'adapte aux défis du 21e siècle et contribue à l'amélioration de la société

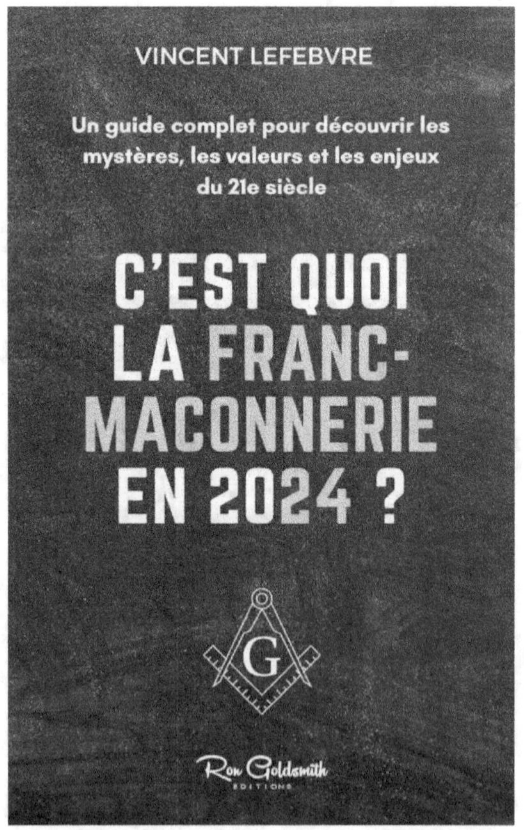

Franc-Maçonnerie et IA: De la loge à l'algorithme, embarquez pour une exploration de l'IA avec une boussole maçonnique

Douance et Créativité: Voyagez au cœur de l'intelligence émotionnelle, clé de la compréhension des personnes douées

Religions et IA: Plongez dans un monde où la technologie rencontre la spiritualité : découvrez comment l'IA redéfinit les pratiques religieuses

C'est quoi le marketing digital en 2024 ?: Réinventez votre stratégie marketing avec les dernières tendances et technologies